김영례 수필집

그럼에도 불구하고

그럼에도 불구하고

김영례 수필집

1판 1쇄 인쇄/ 2014년 3월 25일
1판 1쇄 발행/ 2014년 3월 30일

지은이 / 김 영 례
펴낸이 / 우 희 정
펴낸곳 / 도서출판 소소리

등록 / 제300-2007-21호
주소 110-521 서울 종로구 명륜동 1가 33-90
경주이씨 중앙회빌딩 302-1호
전화 / 765-5663, 766-5663(Fax)
e-mail: sosori39@hanmail.net
www.sosori.net

값 10,000 원

*잘못된 책은 바꿔드립니다.

ISBN 978-89-97294-58-9 03810

그럼에도 불구하고

김영례 수필집

책을 내면서

햇살 맑고 따사로운 어느 날 병원에서 전철역으로 난 샛길을 따라 걷다보니 성내천 다리 위를 지나게 되었습니다. 그때 무심코 내려다 본 개울에는 물오리 몇 마리가 떠다니고 있었습니다.

호수처럼 잔잔한 개울에 물오리가 지나자 물오리의 양 날개 뒤로 넓게 퍼져 나가는 V 자 형태의 물갈퀴 자국이 선명했습니다. 그것도 두 겹 세 겹의 자국으로 연결무늬를 이루면서 말입니다.

뚜렷하던 그 물갈퀴 자국이 조금만 지나면 언제 그랬냐는 듯 개울은 평온합니다. 이렇게 금방 사라지고 없어지는 형상에 마음을 놓는 일이 많이 있습니다.

여름날 장대비가 쏟아지는 강가에 앉아 빗줄기마다 수없이 만들어지는 물방울에 정신을 놓고 앉아 있는다든지. 햇살이 퍼지면 사라지는 아침안개에 황홀해 한다든지.

아무튼 흔적도 없이 사라지는 것임에도 내 마음을 오랫동안 붙들고 있는 것들을 사랑합니다.

해서 글로 남기지 않으면 흩어져 버릴지도 모를 많은 것들을 하나하나 줍고 있습니다.

몇 해 전에 서른다섯의 젊디젊은 딸을 먼저 보냈습니다. 아직 너무도 어린 두 아들을 남겨두고 떠난 딸에 대한 아픔도 담았습니다. 사람으로서는 겪어선 안 될 일이었지요. 허지만 모든 것이 다 하나님께서 하신 일인 걸 어쩝니까?

'범사에 감사하라'신 하나님의 말씀에 순종하기가 무척 힘이 들었습니다. 아픔도 슬픔도 다 토해내어 놓아야 성숙될 거 같아서 이렇게 내어 놓습니다.

그럼에도 불구하고 사랑하길 원합니다.

그럼에도 불구하고 순종하길 원합니다.

그럼에도 불구하고 감사하길 원합니다.

2014년 3월에

저자 김영례

▷ 차 례

2. 평범한 날의 기적들

3. 광야의 그 며칠

4. 환란의 외줄타기

1.

천년의 무늬

나는 누구의 의자인가

늦은 밤 전철을 탔다. 승객이 별로 많지 않았다. 습관처럼 앉을 자리를 찾았다. 그런데 빈 좌석이 하나도 없다. 서 있는 사람은 저만큼 떨어져 있는 청년과 나, 딱 둘뿐이다.

대중교통을 이용하다 보면 좌석에 앉을 때도 있고 못 앉을 때도 있다. 서 있는 사람이 많을 때는 별반 다른 생각을 하지 않지만 오늘처럼 다 앉아 가는데 나만 달랑 서서 가면 괜히 억울한 생각이 든다.

이럴 때는 다리도 더 아프고 아무데나 엉덩이를 들이밀고 싶은 생각이 가득하다. 경로석을 바라본다. 경로로 보이지 않는 여인들이 앉아있다. 그러나 섣불리 그곳도 넘볼 수 없다. 아직 자격이 안 된 주제에 망신을 사는 수도 있다.

천호역에 이르자 8호선으로 환승하려는 승객 몇이 내려서 앉게 되었다. 차갑고 딱딱한 스틸의자인데도 앉았다는 마음에 포근하고 편안하다. 등을 곧게 펴고 다리도 쭉 펴 본다. 앉는다는 것은 역시 편안함이다.

여러 의자들을 만난다.

널빤지 두 장을 갖다 대고 네 다리에 못질만 해 놓은 간이 의자가 있다. 이런 의자는 허름한 시골 가겟방 앞에나 선술집이 제격이다. 누구라도 잠시 앉았다 갈 수 있는 의자다. 공원에는 벤치라는 이름의 근사한 의자가 있다. 두세 사람이 편히 앉을 수 있고 등을 기대기에도 아주 편하다. 여유롭게 산책을 하다 연인들 끼리 다정하게 앉기도 하고 잠시 눕기도 해보는 의자다.

거실에 놓인 소파는 단순히 앉는다는 것만을 제구실로 하지 않는다. 그 집의 품위와 분위기를 살려주고 가족들에게 휴식을 준다. 소파의 재료와 모양과 크기에 따라 값도 천차만별이다. 그러나 그 어떤 것이든 가족들이 모여 쉼을 얻는다는 데는 별반 차이가 없다.

산에서는 돌무더기도 나무 밑동도 좋은 의자 구실을 한다. 바위도 쉬기에 좋고 풀섶이라도 있으면 더할 나위 없다. 그런가 하면 요즘 농촌에서 일하는 분들의 엉덩이에는 스티로폼 깔개가 매달려 있다. 쭈그리고 앉아 옮겨 다니며 농작물을 손봐야 하는 농사일은 많은 농촌 노인들을 관절염 환자로 고생하게 만들었다. 그런데 이 스티로폼 깔개라는 기발한 의자 덕분에 편하게 일할 수 있게 되었으니 얼마나 좋은가.

종일 앉아서 일해야 하는 사람들에게 의자는 아주 중요하다. 어떤 의자에 앉아 있느냐에 따라 허리의 모양까지 달라진다. 요즘에는 과학적으로 척추를 받쳐주는 편한 의자를 찾아 비싼 비용도 따지지 않고 사서 쓴다.

인도네시아 말랑에 있는 뚜구호텔 로비에는 마치 의자 전시장마냥 각기 다른 여러 가지 모양의 자틱나무 의자들이 여러 개 놓여있다. 저마다 독특한 디자인인데도 한결같이 앉는 것마다 아주 편안하다. 호텔 이용객이 아니라도 잠시 앉아 쉴 수 있는데 앉으면 저절로 잠이 들 만큼 정말 편한 의자들이다. 여기에 앉아 시청 앞 광장의 정원을 바라보면서 그들의 손재주를 아낌없이 칭찬하곤 했다.

우리나라 인천 공항은 고객편의 세계 1위의 공항이다. 공항의 여러 서비스와 공간이 쾌적하고 훌륭하기도 하지만 무엇보다 승객들이 기다리는 의자가 아주 편해서 좋다. 여행을 다니다 보면 환승을 위해 공항에서 몇 시간씩 기다리는 경우가 있다.

대부분의 공항들이 얼마나 불편한 의자들이 많은가는 다녀

본 사람들이 잘 알 것이다. 내가 다녀 본 곳 중에 최악은 말레시아의 쿠알라룸프 공항이 아닌가 한다. 이곳에서 환승을 위해 4시간을 기다리는 동안 딱딱한 철제의자에 앉아 있는데 어찌나 불편하던지 몸이 쑤실 정도였다.

더한 곳도 있긴 하다. 동남아 국가의 지방 도시를 다닐 때는 그런 의자마저 몇 개 되지 않아 그냥 땅바닥에 퍼질러 앉아 몇 시간씩 비행기를 기다린 적이 있다. 공항 여기저기 맨바닥에 누워 있는 사람들의 모습을 흔하게 본다.

여섯 식구 웃음이 가득하던 우리 집이 세 식구만 남았다. 여섯 개의 식탁의자엔 남편과 나 두 사람만 앉아서 식사를 하는 날이 거반이다. 산다는 것은 별 좋고 경치 좋은 곳에 의자 하나 더 내어 놓는 거라고 생각하며 살던 시절이 있었다. 그때가 사는 맛이 있던 때였음을 비어져 가는 의자를 바라보며 느낀다.

지금까지 살면서 만난 그 많은 의자들 가운데 난 어떤 의자였을까. 누구를 위해 내어 주는 의자였을까. 누구를 편하게 해 주는 의자였을까. 남은 날들 누군가를 편하게 해주는 의자이고 싶다.

침 묵

맏이로 자란 나는 어려서부터 부모님에게 한 번도 투정을 부리거나 무엇을 해달라고 졸라본 적이 없다. 언제나 의젓하게 모든 일을 스스로 해결하는 일에 익숙하여 누구에게 조언을 구하거나 묻는 일이 드물다. 그래서인지 쇼핑을 할 때도 혼자서 판단하고 결정하는 편이다. 누군가와 함께 가서 물건을 사는 날은 꼭 후회를 하고 다음에 가서 반품을 하거나 바꾸는 경우가 허다하다.

그런 나이지만 가끔은 한밤에 울고 싶은 때가 있다. 누군가에게 전화라도 하고 싶고 마음을 내려놓고 싶을 때가 있다. 그런 때면 나는 그를 찾아 간다. 그는 이 세상에서 유일하게 나의 마음을 가장 잘 이해하고 다독여 주는 친구이다. 어느 누구에게도 드러내기 싫은 서러움과 고통일지라도 그에게만은 시원하게 털어 놓는다. 무슨 말을 하든 어떤 하소연이든 그는 나의 말을 다 들어준다. 그에게 모든 이야기를 털어놓을 수 있는 것만으로도 내겐 늘 위안이 된다.

언젠가 내가 하지도 않은 말이 사람들 사이에 퍼져 있어 곤혹스러운 일이 있었다. 억울하고 분하여 이 문제를 정면으로 해결하려고 했다. 몇 사람에게 사실 여부를 묻고 거짓으로 나를 곤란하게 만든 사람을 가만 두지 않을 생각이었다. 그러나 그 일을 행하기 전에 그에게 먼저 의논하기로 작정하였다.

그는 나의 이야기를 다 듣고 나서 빙그레 웃으며 뭐 그깟 일로 그리 흥분을 하느냐고 물었다. 자신은 정말 더 억울하고 분한 일이 있었노라고 하였다. 자신에 대하여 엉뚱한 말을 하고 자신의 이야기를 믿어주지도 않고 나중에는 자신을 모함하여 큰 고통과 해를 당하게까지 하였는데 그냥 두기만 하면 곧 없어질 소문에 뭐 그리 속상해하느냐고 했다.

나는 흥분하던 마음을 가라앉히고 곰곰이 생각해 보니 그의 말이 맞았다. 그의 고통과 억울함을 잘 알고 있는 나로서는 할 말이 없었다. 나는 생각을 달리하였다. 나를 오해하는 사람에게 더 친절히 하고 더욱 정중하고 겸손한 모습으로 다가갔다. 신기하게도 얼마 지나지 않아 마음도 편해졌고 거짓을 퍼뜨렸던 사람이 오히려 어디서든 나를 인정하는 말을 해 준다고 했다.

그런데 참 이상한 일이 일어났다. 정말 상상도 할 수 없는 엄청난 일이 내게 닥쳐왔던 것이다. 온 천지가 캄캄해지고 창자까지 끊어져 버릴 만큼이나 엄청난 일. 사랑하는 딸이, 서른넷의 젊고 싱그럽기만 내 딸이 죽어 가는데 그는 팔짱을 끼고 구경만 하고 있는 것이다. 나는 밤낮으로 그에게 도움을 구했다. 어찌해야 좋을지 묻고 또 물었다.

그러나 이번만은 달랐다. 언제나 나의 말에 금방 대꾸해 주던 그가 이번엔 정말 길게 아주 긴 시간 아무 말도 들려주지 않았다. 나는 화가 났고 그에게 마구 퍼부어대기까지 했다. 이럴 수가 있느냐고 항의를 하고 시위도 하고 절교를 하겠다고 협박도 했다. 헌데도 그는 여전히 못들은 척 아무런 대꾸를 하지 않았다.

그에게서 등을 돌리려 해도 나는 그 외에는 어느 누구와도 사귄 적이 없어 갈 곳이 없었다. 지금 와서 누구에게 다가가도 더 암담해질 것을 알고 있었기에 끝까지 그를 붙드는 수밖에 달리 도리가 없었다.

나는 단식에 들어갔다. 그리고 아무 말도 하지 않았다. 누가 먼저 입을 여나 내기라도 하듯 그냥 앉아만 있었다. 무릎이 저리고 온몸의 힘은 다 빠져 쓰러질 것 같았지만 버티었다. 이런 대치 상황을 그에게 전가시킬 생각은 아니었다. 다만 그의 대답 없이는 정말 일어 설 수가 없어서였다. 그러니 나는 며칠이고 단식이 아니라 더한 것을 해서라도 기어코 대답을 얻을 수밖에 없었던 것이다.

얼마큼 시간이 지났는지 모르겠다. 새벽이 다가왔다. 서서히 빛이 찾아 들었다.

"나도 힘이 드는구나. 너보다 내가 더 아프다는 걸 알고 있니?"

그를 바라보았다. 그는 슬픔이 가득한 얼굴로 울고 있었다. 나보다 더 지쳐 보였다. 나의 어깨를 감싸며 마냥 울고 있었다.

아, 그랬구나. 나보다 더 아프구나. 하긴 그가 나보다 더 내 딸을 사랑하지 않았는가. 나보다 더 내 딸을 잘 알고 있지 않았는가. 그런 그가 어찌 나보다 더 아프지 않을 수 있었단 말인가. 그가 침묵한 것은 너무도 아파서였구나. 나를 위로 해줄 말이 없어서였구나. 그의 마음을 아는 것만으로도 힘이 되었다. 나는 모든 상황을 다 받아들이고 순종하기로 했다. 그럴 수밖에 없었다.

주변 사람들이 나의 눈치를 살피기에 바빴다.

'이럴 때 저 사람은 어떻게 행동할까?'

'이 지경인데 그래도 꿋꿋하게 지내고 있네.'

'아니야 겉은 그래도 속을 까보면 오죽하겠어.'

모두 수군대는 것 같아 울 수도 웃을 수도 없었다. 내게 어떻게 지내느냐고 말을 거는 것조차 조심스러워 하며 전혀 내색들을 하지 않았다. 그래서 나는 늘 씩씩한 척 정말 아무렇지도 않는 척 지내야 했다.

하지만 나는 한밤이나 새벽이면 아무 때나 그를 찾아가 울기도 하고 하소연을 하기도 한다. 그때마다 눈물 가득한 모습으로 나의 어깨를 어루만지며 다독인다. 아니 어느 때는 그가 먼저 다가와 눈물을 흘리고 있다. 그때마다 내게 들려 준 말은 한결 같다.

"내가 더 아프단다."

이 복된 날에

서른다섯 개의 촛불을 켠다. 촛불 하나하나마다 너에 대한 추억이 일렁인다. 오늘은 참으로 복된 날이다. 세상에서 오직 하나인 네가 나에게로 온 날이기 때문이다.

그날 우리의 만남은 심한 고통 속에서 시작되었지. 난 널 만나기 위해 얼마나 힘들었는지 모를 거야. 사흘 밤낮을 죽을지도 모른다는 두려움이 들 만큼이나 힘든 시간들이었단다. 오죽하면 100일이 지나서도 계단을 잘 오르내리지도 못했고 그때를 다시 생각만 해도 눈물이 저절로 흐를 만큼이나 힘들었단다.

세상에서 가장 귀한 생명을 얻는 일인데 어찌 그 정도의 아픔과 수고로움도 없이 널 얻을 수 있었겠니? 그렇게 얻은 너였기에 네가 더욱 소중하고 귀했던 것은 아닐지. 그래도 널 얻은 그 시각에는 모든 아픔과 고통보다는 새 생명을 얻은 기쁨과 감사로 환희의 눈물을 흘렸단다.

세상에서 가장 귀한 선물을 주신 하나님께 감사하면서 수많은 기도를 드렸단다.

'하나님 우리 아가는 가장 지혜롭게 하소서. 가장 존귀한 사람이 되게 하소서. 가장 빛난 보석 같은 사람이 되게 하소서. 가장 아름다운 사람이 되게 하소서. 건강하게 잘 자라게 하소서. 하나님과 사람에게 가장 사랑 받는 사람이 되게 하소서.'

아 그러고 보니 하나 빠뜨린 게 있었네. '장수의 복을 주소서' 라는 기도 말이야. 그건 원하지 않아도 자동으로 얻는 복인 줄 알았지 뭐니.

넌 정말 예쁘고 사랑스럽고 아름답게 잘 자라주었고 우리의 기쁨이 되었단다. 너로 인하여 얼마나 많이 행복했고 힘이 되었는지. 네가 내 딸인 것이 늘 자랑스럽고 우리의 큰 위로였단다. 그런 내 딸의 생일날인데 어찌 축하하지 않을 수 있겠니.

여느 때처럼 널 위해 몇 가지의 나물을 준비하고 미역국을 끓였단다. 헌데 식구 중 어느 누구도 네 생일 축하한다는 말을 하지 않는구나. 다만 묵언으로 올리는 식사기도가 길었다는 것과 식사가 다 끝나도록 아무도 말도 하지 않은 것이 다르구나.

조금 전에 핸드폰에 네 생일을 축하하는 문자가 왔네.

'박은영 고객님 오늘 행복한 미소로 세상에 발도장을 쿡 하셨군요. 사랑합니다.'

아무리 상업성을 갖고 있는 통신사의 문자지만 네 생일을 기억하고 이렇게 축하 문자를 보내주니 얼마나 기특하고 고맙니. 헌데 난 그 문자를 받자마자 온몸이 굳어지더라.

너무도 흔한 아무런 애정도 없이 보내는 그 문자가 이 순간에 강한 파장을 가져다주네. 하긴 봄마다 새벽이면 찾아오던 뻐꾸기의 아름답던 그 노래가 요즘엔 너를 그리는 노래로 바뀌었단다. 네가 가기 며칠 전, 그날도 심한 통증으로 밤을 꼬박 새우고 지쳐있던 네가 "엄마 우리 아파트에 뻐꾸기가 있었네." 하며 귀를 기울였던 게 선명해서란다.

푸르디 푸른 6월에 나서 6월에 간 사랑하는 내 딸아, 네가 태어난 날이나 가던 날이나 그리고 오늘이나 똑같이 뻐꾸기는 울고 있구나. 너를 생각하며 서럽게 울고 있고, 너를 생각하며 기쁨으로 노래하고 있단다.

사랑하는 딸아, 나는 이날을 영원히 기억하고 축복의 날로 선포하며 보낼 거다. 세상에 가장 귀한 내 딸이 태어난 귀한 날이기에 잊으면 안 되잖니. 네가 34년을 살아 준 것도 너무 고맙구나. 그래도 34년이라는 시간의 추억들이 내 가슴에 그대로 살아있으니 말이다. 아무데나 너의 손길이 머물러 있고 너의 웃음이

푸르디 푸른 6월에 나서 6월에
간 사랑하는 내 딸아, 네가
태어난 날이나 가던 날이나
그리고 오늘이나 똑같이 뻐
꾸기는 울고 있구나
—이 복된 날에

살아 있으니 너는 갔으되 간 것이 아니란다. 그리고 가장 귀한 것은 또한 네가 남겨 준 사랑스런 두 아들임을 말해서 무엇 하겠느냐. 정말 귀한 네 아가들, 이 아가들 안에 너의 모든 생명과 혼이 다 들어 있으니 이보다 더 고마운 일이 어디 있단 말이냐.

언제나 이 엄마의 마음을 가장 잘 알아주고 보고만 있어도 웃음을 짓게 하던 사랑하는 딸아, 네 35번째의 생일을 무지하게 축하한다.

너는 나의 햇살

비스듬히 세워진 병상 침대 위에 한 할머니가 누워있다. 곁에서 할머니의 얼굴을 찬찬이 들여다보며 흘러내린 머리칼을 넘겨주던 할아버지가 조용히 노래를 부른다.

"you are my sunshine…."

오랜 병환으로 고통스러워하던 얼굴에 환한 미소가 번지기 시작한다. 할머니의 눈이 반짝인다. 그리고 남편의 노래를 함께 따라 부른다.

"너는 나의 햇살, 유일한 햇살, 하늘이 어두워도 너는 나를 행복하게 해. 너는 모를 거야 내가 너를 얼마나 사랑하는지. 좀 더 가까이 와 봐요…."

얼마 전 미국 유타주에 사는 올해 결혼 66년 차인 노부부의 영상이다. 할머니는 지난겨울 이웃에 사는 사람이 눈길에 미끄러진 것을 보고 그 사람을 돕다가 되레 많이 다치는 일이 벌어졌다. 고관절 수술까지 받고 치료중 합병증이 생겨 근 1년 가까이 병상에 눕게 되었다. 쇠약해질 대로 쇠약해진 할머니는 이젠 우울증까지 생길 정도였다. 노부부의 눈에 가득한 눈물, 남편의 따뜻한 사랑이 담긴 아름다운 노래, 참으로 가슴 뭉클하게 했다.

20대의 나는 늘 동동거리며 다녔다. 부모님을 떠나 서울에서 동생들과 자취생활을 하던 나는 낮엔 직장에서 그리고 저녁시간이면 과외교사로 파김치가 되어 집에 돌아오면 그때부터 저녁을 짓고 빨래를 하고 한밤중에야 잠을 잘 수 있었다.

서울에만 가면 무언가 꿈을 이룰 것 같던 것은 그냥 꿈일 뿐 아무것도 이루지 못한 채 시간만 보내고 있다는 막연한 불안감에 하루하루를 힘겹게 살아가고 있었다.

그때 청년부 모임에서 K를 만났다. 아름다운 미성의 소유자인 K는 어디서든 노래를 아주 잘 불렀다. 통기타를 켜며 팝송을 즐겨 부르는 그는 우리가 잘 알지 못하는 노래의 원어를 우리말로 해설을 해주며 가르쳐 주었다. 우리 모임뿐이 아니라 어디서든 그는 우리의 우상이었다. 그런 그가 불러주는 "you are my sunshine…." 노래는 내게 큰 힘이 되어 주었다. 그의 노래를 듣고 있으면 잃어버린 꿈도 다시 꿀 수 있었고 하루의 일과도 보람 있고 의미 있었다.

한동안 음악 감상실 세시봉과 디쉐네에 뻔질나게 드나들며 음악에 빠졌던 것도 다 K 덕분이었다. 우리들은 세시봉에 앉아 노래 몇 곡을 신청해서 들으며 해박한 그의 음악 이야기에 시간 가는 줄 모르고 지냈었다.

그때 그곳에서 윤형주와 조영남 그리고 이장희 등 기라성 같은 청바지 문화의 원조들을 만날 수 있었다. 그때는 그들이 그렇게 유명하게 될 줄 몰랐다. 바로 그곳이 청바지 문화의 산실이 될 줄이야.

지난 5월 오클라호마에 큰 토네이도가 몰아쳤다. 수십 명의 사상자를 낼 정도로 위력이 대단했다. 오클라호마 교외에 있는 한 어린이집 교사는 경보 사이렌이 울리자 15명의 어린이들을 급히 목욕실로 데려 갔다. 아이들이 공포에 빠지지 않게 보호 덮개를 씌우고 폭풍이 지날 때까지 다함께 노래를 부르자고 했다. 재난의 공포 속에서도 선생님은 아이들을, 아이들은 선생님과 친구들을 서로 껴안으며 노래를 불렀다.

'you are my sunshine' 서로가 서로에게 햇살이 되어 주었다. 거센 바람은 지붕을 뜯어갔고 건물 잔해는 아이들의 머리 위로 쏟아졌다. 건물이 거의 전부 무너져 내렸다. 그 속에서 한 덩어리가 되어 서로를 위로하고 있는 그들은 그래도 노래를 멈추지 않았다.

"please, don't take my sunshine away."

- 제발 내 햇살을 빼앗아 가지 말아요.-

동그라미

내가 하는 버릇 가운데 종이와 연필만 있으면 언제나 그리는 게 있다. 동그라미다. 수많은 종이에 빈틈이 없을 만큼 가득히 그린다. 크고 작은 동그라미를 연결하여 어떤 모양을 만들기도 하고 그 동그라미를 가지고 사람들을 그리기도 한다. 예쁜 인형 같은 여자아이도 그리고 노인도 그리고 개구쟁이 남자아이도 그린다. 그러다가 동물들로 변해지기도 한다.

그런데 희한하게도 동그라미는 언제나 똑같거나 아주 동그랗게 그려지지가 않는다. 어딘지 조금 찌그러진 동그라미거나 정말 아무 쓸모없는 낙서로 끝날 동그라미에 지나지 않는다. 그냥 아무 생각 없이 하는 손놀림이다.

동그라미는 하나의 기호에 불과하며 선의 연결에 해당한다.

그러나 동그라미가 없으면 어떤 이미지를 드러내고자 할 때 표현할 수가 없다. 그러니까 가장 원초적인 표현이 동그라미가 아닌가 하는 생각이 든다.

동그라미는 고대로부터 우주를 표현하기도 했다. 동그란 우주 가운데 동그란 별들이 가득하다. 고구려 고분 벽화에서 나온 별들은 모두가 동그라미였다. 서양의 별들은 모두가 오각뿔을 가진 뾰쪽한 것이지만 우리 조상들이 그린 별들은 크고 작은 동그라미의 별들이다. 실제로 별의 모양은 동그라미가 아닌가.

동그라미는 생명을 뜻하기도 한다. 동그란 정자와 동그란 난자의 만남으로 생성되는 생명은 동그라미다. 작은 동그라미 안에 생명이 숨쉬고 있는 것이다. 동그란 자궁 안에서 동그랗게 뭉쳐 있던 그 작은 생명체가 하나의 인간으로 세상에 나올 때 역시 세상은 동그랗다.

어느 수련회에서는 상대방과 만남을 갖고 서로 주고받는 설문지가 있었다. 그중에서 어떤 사람이 되고 싶은가라는 질문이 있는 문항이 있었다. 나는 그곳에 아무런 주저함이 없이 동그라미라고 써 넣었다. 동그라미라고 써 놓고 보니 정말 나는 동그라미 같은 사람이 되었으면 하는 생각이 불현듯 가득해졌다.

동그라미, 이건 어디에서 봐도 모난 곳이 없다.

모난 곳이 없으니 모든 사람들이 다 좋아할 거다. 내 마음 가운데 모난 구석이 정말 없을까 하고 생각해 본다. 어릴 때부터 많은 형제들 가운데 맏이라는 것이 나를 늘 어른스럽게 만들었다. 가지고 싶은 것을 한 번도 당당히 요구해 보지 않았다. 없어도 괜찮다고 늘 위로 하며 참고 견디는데 익숙하다. 그러면서 다른 사람을 이해하는 마음이 많다고 생각한다. 그러나 그건 어디까지나 내가 바라는 모습일지도 모른다.

동그라미에는 구석이 없다.

구석이 없으니 감출일 곳이 없다. 나는 언제나 감추지 않는 마음으로 살기를 원한다. 누가 봐도 부끄럽지 않은 그런 말간 모습으로 말이다. 말간 모습 안에서 아무런 걱정 근심 없이 어린 아이 같은 마음으로 살아간다면 얼마나 좋을까 하는 마음 가득하다.

동그라미는 마음이 늘 넉넉해 보인다.

마치 후덕한 여인처럼 그 안에는 무엇이든 가득 차서 자꾸 나누어 줄 것 같다. 어느 것 하나 모자람이 없는 넉넉함 가운데 모든 사람을 안아 주며 다독여 주는 그런 동그라미를 나는 닮고 싶은 것이다.

동그라미는 안전하다.

어릴 적에 자주 하는 놀이 가운데 동그라미를 그려 놓고 그

안에 있으면 안전하고 밖으로 끌려 나오면 지는 놀이가 있었다. 우리는 어떻게 하든 밖으로 끌려 나오지 않으려고 같은 편끼리 꼭 껴안고 상대방을 막던 일이 생각난다. 동그라미 안은 안전지대였다.

그것이 어디 놀이에서만 그런가. 실제로 어느 집단에 속하느냐에 따라 살기도 하고 죽기도 하는 그런 일이 수없이 많다. 요즘엔 특히 코드 운운하며 서로 같은 편이 아니면 가차 없이 설 자리를 잃고 헤매는 사람들이 많다. 그러니까 같은 동그라미 안에 있으면 어떻게든 그 동그라미에서 벗어나지 말아야만 한다.

동그라미는 칭찬이다.

학교를 다니면서부터 잘하는 것엔 언제나 동그라미가 따라다녔다. 다섯 개의 동그라미를 맞기 위해 얼마나 애를 써 왔던가. 동그라미의 숫자에 따라 진학하는 학교가 결정이 되기도 하고 운명이 바뀌기도 했다.

동그라미는 돈이다.

우리나라와 중국 등 여러 나라의 고대 화폐는 동그란 모양의 엽전이나 동전이 주였다. 오늘날이야 나라마다 지폐가 주종을 이루지만 오랫동안 쓰이던 것이 동그란 모양의 금속이었다. 그래서인지 사람들은 돈을 나타내는 모양을 손가락으로 동그라미를 그려 보이곤 한다.

동그라미는 열매다.

모든 만물은 동그랗게 영글어 간다. 과일이 그렇고 곡식이 그렇고 씨앗이 그렇다. 동그랗기 위해서 뜨거운 태양을 견디고 폭풍우를 이긴다.

동그라미는 마침이다.

어느 일에든 마감하는 일에는 마침표로 점을 찍는다. 그 점이라는 것이 따지고 보면 동그라미의 압축이다. 죽음 역시 동그라미이다. 한 줌의 재로 남은 육신은 동그란 항아리에 담겨진다. 영혼을 그리라면 동그라미를 그려 보일 것이다. 동그란 영혼이 하늘나라로 간다. 그 하늘나라 역시 동그란 모양이 아닐까.

그러고 보니 인간은 동그라미에서 태어나 동그라미 속에서 살다가 동그라미로 사라지는 것인지 모르겠다. 동그라미 속에서 사는 동안 좀 더 동그란 모습으로 살고픈 것이 나의 염원이기도 하다.

숙에게

숙아, 이젠 가을이 깊어 가는구나.

봄날 그리도 화사하게 꽃을 피우던 아파트 단지 안의 벚나무들이 붉게 단풍이 들어 또 한 번 사람들의 발길을 붙들고 있네.

수북이 깔린 단풍들 속에 유난히 붉고 고운 잎을 주워들고 책갈피에 끼우면서 한해살이를 곱게 마치고 조용히 겨울을 맞이하는 그들의 삶이 참 아름답다고 생각했어.

사람의 일생도 누구나 봄, 여름, 가을을 보내고 겨울을 맞이하여 지나온 날들을 차근하게 덮을 수 있다면 얼마나 좋을까.

며칠 전 시이모님이 구십일세로 영면하셨는데 그 이모님의 죽음을 슬퍼하면서도 사람이 구십까지만 살다가 크게 앓지도 않고 가면 복이시지 하는 생각이 들더라. 아니 구십을 그만두고 육십이나 칠십만 지나서 돌아가셨다는 부음을 들을 때도 그래도 사실만큼 사셨네 하는 맘이 먼저 드니 참 고약해졌지.

나, 말이야 은영이를 보내고 나서부터 솔직히 어느 누구의 죽음도 은영이보다는 낫다는 생각을 떨치지 못하고 있어. 우리 은영이 쉰까지만 살다 갔더라면 얼마나 좋았을까. 아니 십년만 더, 아이들 제 엄마 손길 아쉽지 않을 때까지만 살다 갔더라면 얼마나 좋았을까. 다 돌아보아도 '우리 은영이 같은 죽음은 없는데' 하는 너무도 아쉬운 맘이 하루면 수십 번도 더 들어.

난 하나님에게서 참으로 좋은 선물을 받았었어. 예쁘고 착한 우리 은영이. 나는 결혼한 이듬해에 얻은 그 선물로 인해서 얼마나 행복했는지 몰라. 양가의 맏이로 태어난 은영이 어릴 때부터 정말 사랑을 듬뿍 받았지. 할아버지와 할머니가 어찌나 귀해 하시는지 두 분 등에서 내려놓을 새가 없었고, 고모들과 이모들이 서로 안아 보지 못해 안달이었지.

자라는 동안 잔병치레 한 번 없이 잘 자랐고 부모 맘 상하게 한 적 없는 순하고 착하기만 한 예쁜 딸이었어. 늘 말이 없이 조용하여 조금 불만이긴 했지만. 혼기가 되어서는 정말 착하고 좋은 남편 만나 행복한 가정 꾸리고 두 아들 낳고 잘 살아가니 우리 은영인 참 복 많은 사람이라는 말을 달고 살았단다.

나야 이렇게 예쁘고 좋은 선물 하나님이 주셨다가 다시 달라고 해서 그냥 보낸 것이니 무어 그리 원통하고 억울할 것도 없지. 그동안 그런 딸을 주셔서 정말 행복했던 거 생각하면 그저 감사할 일이지. 아픈 동안도 내 손으로 끝까지 돌볼 수 있게 해 주셨던 것도 얼마나 감사한 일인지 몰라.

그런데 말이야 숙아, 우리 아가들 때문에 날이 갈수록 정말 힘이 드네. 이제 40개월짜리 우리 영빈이 말이야 그 마음속엔 엄마에 대한 그리움으로 가득 차 있어서 날마다 잠자리에 들 때면 엄마 보고 싶다는 말을 내비친단다. 엄마라는 단어를 아주 건조하게 내뱉으면서도 엄마를 날마다 기다리는 아가. 오늘 아침에도 식탁에 앉아 "저 자리는 아빠자리, 이 쪽 자리는 엄마 다 나아오면 앉을 자리, 우리 식구 자리 다 맞네." 하고 한마디 하더라.

"엄마 다 나아 집에 오면 우리 식구 호주 갈 거다."

제 어미 간 지 넉 달이 지났는데 그 사실을 전혀 알지 못하는 우리 영빈이 여전히 병원에 누워 있는 엄마 올 날만을 꼬박꼬박 기다리고 있으니 어쩌면 좋니.

40개월과 18개월짜리 아가들에게 세상에서 가장 소중한 것이 바로 엄마가 아니겠니. 온 천하와도 바꿀 수 없는 엄마, 그 엄마가 없는 아가들. 이 아가들에게 무엇으로 엄마의 빈자리를 채워 줄 수가 있겠니.

어젠 전철에서 두 아이를 세발자전거에 앉혀 나들이 나온 젊은 부부를 보았어. 꼭 우리 아이들 또래더라. 나는 그들 가족을 찬찬히 살펴보았지. 부부의 옷차림과 아이들의 입성으로 보아 형편이 그리 넉넉해 보이진 않았지만 그 아이들이 얼마나 부러웠는지 몰라. 엄마에게 무언가를 사달라고 졸라대는 아이, 전철에서 내려 사주겠다고 어르고 있는 엄마, 얼마나 흔한 풍경인데 그 모습을 보고도 목이 메더라.

영빈이가 제 엄마 살았을 적에 하던 말이 있어. 엄마가 어느 날 별안간에 몸을 움직이지 못하고 누워만 있으니까 "엄마 영빈이 소원은 엄마하고 함께 마트에 가서 과자 사는 것 하고 어린이집 엄마와 함께 가는 거야." 하더라. 그런데 그 소원 한 번 못 들어주고 말았구나. 지금 엄마가 진짜 없는 것 알면 '엄마 영빈이 소원은 마트에 함께 못 가도 좋고 어린이집 함께 안가도 좋으니 그냥 누워서라도 집에만 있어 줘.'라고 말할 거야.

밤마다 동화책 10권씩은 읽어 주어야 잠이 드는 영빈에게 엄마가 나오지 않는 동화책을 골라 읽히기는 쉽지 않아. 엄마는 동화책마다 들어 있고 동요 속에도 들어 있고 놀이터에도, 길거리에도, 나들이에도 어디서든 떼어 놓을 수가 없는 게 엄마더라.

며칠 전 양가 할머니와 고모, 아빠와 제 동생을 데리고 모처럼 강화도 나들이를 다녀왔어. 고구마 밭에서 고구마를 캐며 종일 신나게 놀던 아이가 돌아오는 차 속에서는 정말 엄마가 보고 싶다며 눈물을 살짝 보이더라. 함께 있어야 할 엄마의 빈 자리를 아이는 놓치지 않고 찾고 있어.

들려주는 동요 속에서도 엄마를 느끼고 있는 아이는 "할머니 나 저 노래 누구하고 부른 줄 알아."라고 살짝 한마디 하더니 "아빠 CD 꺼주세요" 하곤 잠을 청하더라. 아이는 엄마의 물건들을 다 기억하고 있고, 엄마와 함께 부르던 노래들을 다 기억하고 있어. 심지어는 엄마가 자주 먹여 주던 군고구마의 맛과 미역국의 맛까지도 잊지 않고 있으니 이 아이에게서 엄마를 잊게 해야 할지 아니면 그대로 기억하게 그냥 두어야 할지 모르겠구나.

숙아, 난 말이야 하나님께서 우리에게 더 좋은 것으로 주실 것을 믿음으로 고백하고 믿어. 그래서 우리 아가들에게 정말 제 엄마만큼이나 사랑으로 돌봐 주고 잘 키워 줄 좋은 엄마를 보내 주실 것을 믿고 기도 중이야.

숙아 네가 언젠가 내게 고백하던 말이 내 귓가에 맴돌고 있어. 널 키워 준 엄마가 친엄마인 줄 알고 컸는데 고등학교에 다닐 적에 친척의 귀띔으로 새엄마인 줄 알게 되어 마음에 무척 상처가 되었고 한참 방황했었다는 말말이야. 그냥 모르고 살았더라면 좋았을 것이었다고 하던 네 말. 어느 날 난생처음 어찌 어찌 연락 된 이모를 만나러 집에서 멀리 떨어진 N시까지 가서 하룻밤 자고 왔던 이야기. 친구네 집에 갔다 온다고 거짓말을 했던 네가 이모가 싸준 배며 깨를 집에 가지고 들어갈 수 없어 버스 안에 살그머니 두고 내렸다는 그 말이 왜 이리 내 가슴에 슬픔으로 남아 있니.

우리 아가들에게 새엄마가 생긴다면 그냥 모르고 자라게 하는 게 좋겠구나 하는 생각을 나도 해 봤어. 그런데 말이야 그렇게 되면 난 아가들과 영 이별을 해야 되는 거잖아. 소식도 끊고, 모습도 못 보고. 아 그건 내게 너무 큰 형벌이 될 것 같구나. 아가들을 떼어 놓기도 힘이 든데 어떻게 딱 끊고까지 지낼 수 있을까. 정말 자신이 없네. 엄마가 되어줄 수 없으면서 무지하게 내 욕심만 부리는 생각이지.

숙아, 나 그것까진 아직 생각하지 않을래. 오늘 이 시간 우리 집에 있는 아가들한테 할 수 있을 만큼의 사랑을 다 해 줄래. 그것으로 족하니까.

숙아, 누구보다도 엄마의 그리움 속에서 많이 아파했던 네가 우리 아가들을 위해 기도해 주렴. 정말 아무런 상처 없이 밝고 아름답게 잘 자라나게 말이야.

천년을 살으리

나는 1897년 어느 봄날 서울 장안에서 태어났다. 장안에서도 솜씨 좋기로 유명한 소목장 허씨의 손끝에서만 8개월이 걸려 태어났다. 허씨는 단단하기가 돌 같아서 천년은 간다는 대추목과 무늬 결이 곱고 아름다운 괴목과 오동목을 갈고 다듬어 칠하고 말리고를 번갈아 가며 온 정성을 다해 나를 만들었다.

정동 안씨댁 혼사에 방안득물을 맡았을 때 허씨는 무척 기뻤다. 사람 좋고 인심이 후하기로 소문난 안씨댁의 큰따님 혼사에 방안득물은 값이야 얼마가 되도 좋으니 그저 최고 좋은 재료로 잘만 만들어 달라는 부탁을 받고 모처럼의 솜씨를 뽐내볼 기회다 싶어서다.

여기저기 맘에 드는 재료를 구하느라 애쓴 보람이 있어 정말 좋은 재료들을 구했다. 대추목으로 나의 형체를 만들고 오동목과 수령 200년이 넘었다고 하는 괴목으로 내 몸뚱이를 만들어 놓고 허씨는 벌써 만족해했다. 내 몸뚱이에 행여 상처라도 입히면 어쩌나 조바심을 쳐가며 들기름칠과 고운 사포질을 번갈아 하길 수차례, 나의 얼굴에 금빛 찬란한 놋 경첩과 장식으로 마무리를 하고선 감개무량하여 나를 얼싸안고 눈물까지 글썽였다.

내가 안처자와 함께 온 곳은 필동의 박씨댁이었다. 이름난 벼슬아치의 가문은 아니었지만 일찍 장사에 눈을 트인 박씨댁은 단단한 알부자여서 경기 일대와 충청도까지 전답이 많고 시흥에는 99칸짜리 별장까지 둔 집이었다. 안처자의 신접 집에 방안득물이 들었을 때 사람들은 모두 나를 보고 탄성을 질렀다. 나의 빛나는 자태가 눈이 부실 정도였기도 하지만 그보다도 내 몸 안에 담겨있는 청국 비단들과 안동포와 한산모시필들. 그리고 100죽이 넘는 버선들을 보고 모두들 사돈댁의 재력에 감복한 것이었다.

나는 안처자의 안방에서 늘 사랑을 받으며 살아왔다. 내 얼굴에 먼지 하나 내려앉을 새도 없이 들기름 천으로 닦아주고 놋 경첩과 장식은 광이 나게 닦고 또 닦아 주어 언제 누가 보아도 항상 새것처럼 찬란한 빛을 번쩍일 수 있었다. 나는 그럴 때면 더 으스대며 나의 가장 아름다운 얼굴에 있는 기하학적인 무늬를 자랑하곤 한다. 발그레한 내 얼굴에는 정말 아름다운 문양이 있다. 어찌 보면 학과 사슴이 풀밭에 노니는 것 같기도 하고, 어찌 보면 구름과 달이 두둥실 떠있는 것 같기도 한다. 꽃무늬도 아닌 것이 꽃 같기도 하고 나무도 아닌 것이 나무 같기도 하다.

세월은 흘러 조선이 망하고 일제시대 36년을 지나 온 동안 참으로 아슬아슬 외줄을 타는 듯한 세상을 살아왔다. 대동아 전쟁이 터졌을 때는 집안의 놋그릇을 샅샅이 뒤져 공출을 해갔다. 내가 사는 이 댁 같은 부잣집에선 놋그릇을 두 가마씩이나 거둬 가면서도 행여 숨겨 둔 것이 더 없나 어찌나 엄하게 닦달을 하는지 내 몸에 있는 놋장식까지 떼어 가면 어쩌나 겁을 먹기도 했다.

해방이 되어 이젠 걱정 없구나 생각하며 맘을 놓았는데 이번엔 한국 전쟁이라는 엄청난 일이 일어났다. 집은 폭격을 맞아 폭삭 주저앉고 주인들은 모두 남쪽으로 피난을 떠났다. 다 부서진 빈집에서 벌벌 떨고 있는 내 몸을 사람들은 몇 차례씩이나 뒤져댔다. 심지어는 나를 끌고 가려고 안간힘을 쓰던 사람들도 있었다. 내 몸이 워낙 무거워서 가져가지 못하고 내버려 둔 것과 집이 반파되는 이 난리통에도 내 몸에 상처 하나 나지 않고 온전히 지켜 질 수 있었던 건 기적이었다.

나를 그렇게나 애지중지하며 아껴주던 안처자도 여든이 넘은 연세에 세상을 뜨고 한평생을 함께해 온 이 댁 며느님으로 내 주인은 바뀌었다. 이 며느님 역시 내 몸을 어찌나 아끼고 사랑해 주던지 주인이 바뀐 줄도 모르고 살아왔다. 그저 내 몸 안에 차지하고 있는 옷가지들이 주인이 바뀐 티를 조금 내고 있을 뿐이었다. 시어머님이 하시던 대로 들기름 걸레질이며 놋장식 닦아 내는 일들에 조금도 소홀하지 않았다.

사는 집이 몇 번 바뀌었다. 한옥에서 양옥으로 그리고 아파트로. 그때마다 나는 조마조마했다. 혹여 나를 내치지 않을까 해서다. 이삿짐을 옮기는 사람들은 주인에게 나 같은 고물을 왜 버리지 않고 가져가느냐고 면박을 주는 것을 몇 번 들었다. 그저 옛날 한옥에서 살 때나 좋아 보였지 요즘 같은 세상에 누가 이런 고물을 끼고 사느냐는 거였다. 무엇보다 어찌나 무거운지 들어 옮기는데 여간 고생이 아니라고 투덜대면서 말이다. 하긴 한 번 옮길 때마다 나와 함께했던 친구들이 하나씩 사라졌다. 마루에 떡하니 버티고 있던 쌀 한 가마 반이 들어가는 그 큰 뒤주도, 약장이며 사방탁자나 문갑, 그 즐비하던 소반들과 함지박마저 눈에 띄지 않은 지 오래다.

언제쯤 나도 내쳐질지 모른다는 각오로 살아왔는데 내 예상과는 다르게 이 댁 며느님이 아흔이 넘을 때까지 나를 내치질 않았다. 그런데 얼마 전에 그 아흔이 넘으신 며느님이 돌아가셨다. 내 몸 안에 있던 며느님의 옷가지들이 다 꺼내어 정리되었다. 나는 빈 몸이 되면서 이젠 정말 이 집에서 아무런 쓸모가 없구나 싶었다.

지난 115년의 그 긴 세월이 꿈같기만 했다. 너무 오래 살았어. 꽃 같은 처자들이 파파 할머니가 되어 돌아가시길 2대나 했잖아. 나는 이제 할 일을 다 했다는 생각으로 지금 내쳐진다 해도 조금도 아쉬울 것이 없다는 생각이 들었다. 허씨의 원대로 천년은 살지 못했지만 그래도 지금까지 못 하나 치지 않은 내 몸뚱이는 소목장 허씨가 만들었을 때의 그대로다. 민어 부레를 끓여 조각을 붙이면서 어디 부서지는 한이 있어도 이 조각들은 안 떨어질 거라던 그의 말마따나 작은 조각 하나 떨어지지 않고 온전하고 건강한 내 몸이 쓸모없어졌다는 게 맘에 남을 뿐이다.

그런데 희한한 일이 다 있다. 안처자의 증손녀가 나를 점찍는다.

"엄마, 할머니 삼층장과 의걸이는 내가 시집 갈 때 가져 갈 것이니 아무도 주지 마세요."

물론 안처자의 손자며느리도 나를 전혀 내칠 생각은 없다고 했다. 그럼 이제 아무 걱정 말고 천년을 살아 볼거나.

무엇으로 채울까

가끔 혼자 앉아 음악을 들으며 차를 마시고 책을 읽으며 나만의 세상에 들어가 보면 얼마나 행복할까. 혼자라면 몇 시간은 글을 쓰고 몇 시간은 그림을 그리고 산책을 하고 또 친구와 만나 수다도 떨고, 아 그렇게 하루를 보내면 얼마나 좋을까.

그 상상이 어느 날 갑자기 현실이 되었다. 지금 나는 라디오 FM 93.1을 아침부터 켜놓고 거기서 흘러나오는 음악을 들으며 어느 누구의 눈치를 살필 일도 없이 자유롭게 나날을 보내고 있다. 종일 책을 읽어도 되고, 어디든 가고 싶은 곳이 있으면 아무 때나 나돌아 다녀도 된다. 늦게 귀가를 했다고 걱정할 사람도 없고 저녁식사 때문에 땀을 흘리며 뛰어 올 일도 없다.

그런데 나는 시간을 그냥 보내고 있다. 이렇게 많은 시간을 그냥 보낸다는 게 말도 안 되는데도 마냥 허비하고 있다. 그 바쁜 중에도 이곳저곳을 쫓아다니며 무엇이든 배우고 다녔다. 헌데 그림도 손을 놓은 지 한참이고 도서관 출입도 안 하고, 글이라곤 한 줄도 쓰지 못하고 있다.

며칠 전에 친구가 등산을 가자고 전화를 했다. 나는 이유 없이 못 간다고 했다. 무슨 약속이 있느냐고 하기에 그렇다고 대답을 했다. 그날도 아무것도 하지 않고 하루를 보냈다. 오늘은 구리 코스모스 축제에 가자고 하는 친구의 전화에 또 다시 못 간다고 했다. 사실 아무 할 일이 없으면서도 선뜻 일어서지 못하고 집에서 종일 그냥 보내고 있는지 나도 잘 모르겠다.

맛있는 요리를 해도 함께 먹어줄 사람이 없다. 그러니 자연스레 요리라는 것을 하지 않는다. 집안이 어질러져도 치우지 않아 먼지가 수북하다. 베란다에 널어놓은 빨래는 닷새가 지났건만 거둬들일 생각조차 하지 않는다. 아, 빨래 걷는 일이야말로 내 일이 아니었다. 빨래를 널어놓기만 하면 언제든 어머님이 거둬서 곱게 손질을 해 차근차근 챙겨 놓으셨으니 나는 빨래 걷는 걸 잊고 살았다.

어릴 때부터 대식구 속에서 살아온 나는 명절이 되면 많은 음식 준비와 북적이는 사람들 속에서 분주한 날들을 보냈다. 결혼 후에도 시어른들과 함께 살아 왔기에 명절 며칠 전부터 장보기와

아, 빨래 걷는 일이야말로
내 일이 아니었다. 빨래를
널어놓기만 하면 언제든 어
머님이 거둬서 곱게 손질을
해 차곡차곡 챙겨 놓으셨
으니 나는 빨래 걷는 걸
잊고 살았다.
—무엇으로 채울까

음식 준비로 허리 펼 틈이 없었다. 인도네시아 이주민 교회를 할 때는 훨씬 더 했다. 그 친구들을 초대해서 음식을 먹이느라고 집이 비좁을 지경이었다. 명절은 언제나 가득 찬 날들이었다.

이번 추석은 태어나서 난생처음 정말 쓸쓸한 추석을 맞았다. 어머님이 안 계시지만 나는 예전처럼 토란국을 끓이고 갈비를 양념해 두고 누군가 올 사람을 기다렸다. 며칠 전 추석을 앞두고 선교지로 떠나는 남편 때문에 형제들이 모임을 가졌기에 시누이들이 오지 않을 거라는 생각이 들었건만 그래도 음식을 먹어 줄 사람을 기다렸다. '할머니' 하고 뛰어 올 것만 같은 호주로 떠나 간 손자들과 사위를 기다리기도 하고, 조카들과 작은 집의 사촌들을 기다리기도 했다.

"사랑하는 딸이 이렇게 맛있는 음식을 해서 이 어미를 공궤합니다. 그 손길을 축복하여 주시고 마음에 소원하는 모든 일이 다 이루어지게 하여 주옵소서."

늘 축복해주시던 어머님의 기도도 기다렸다.

"어머니 식사하세요."

어머니 방문을 열고 큰소리로 말해 본다. 오늘도 엉거주춤거리며 별로 밥맛이 없다고 얼른 일어서지 않으신다. '밥맛이 없어도 그냥 한술 드세요'. 어머니는 마지못한 듯 일어나 나오신다. 그래도 수저만 드시면 무엇이든 맛있다고 드신다. '네가 해준 음식은 늘 맛이 있어. 밥 생각이 없었는데 한 그릇을 다 먹는 구나. 너 없으면 그냥 굶을 거야. 혼자 사는 노인들 보면 정말 불쌍하지. 고맙다.' 일어서는 어머님이 어른거린다.

어머님은 지난해부터 건강이 많이 좋지 않으셨다. 1년 동안 병원을 수도 없이 모시고 다녔다. 힘든 치료도 잘 견디고 금년 봄에는 많이 회복 되는 듯하더니 여름 들어서면서부터는 아주 심해지셨다. 나는 어머님과 함께 밤을 새우면서도 내 손길이 조금이라도 어머님을 돕게 되는 것이 감사했다. 해 드릴 수 있는 것이 조금이라도 있어서 다행이라 생각하며 마지막까지 가장 행복하게 사시다 당신이 평생 그리던 하나님 곁으로 가시길 기도했다.

"아무래도 내가 이번에는 죽을 것 같구나. 내가 죽는 것은 슬프지 않은데 죽으면 널 볼 수 없다는 게 가장 슬프구나."

하시며 눈물을 흘리셨다. 몇 번이고 되뇌신 그 말씀에서 어머님이 나를 얼마나 사랑하시는가를 더 절절이 알게 되었다.

그런데 슬픔이라는 것은 남은 자의 몫임을 어머님은 미처 생각지 못하신 듯하다. 하늘나라에 가신 분이야 슬픔이 있을 리 없지 않는가. 예상 못한 이별은 아니었건만 어머님과의 이별은 이 땅에 남은 나에게 큰 슬픔이다. 나를 세상에서 가장 아끼고 사랑해 주시던 분을 잃었다는 슬픔, 나를 위해 진심으로 눈물

흘리며 기도해 주시던 분을 잃었다는 슬픔, 그 슬픔으로 종일 비어있는 상태로 지내고 있다. 나에게 어머님은 채움이었다는 것을 이제야 알겠다.

그분이 있었기에 나는 무엇이든 할 수 있었고 그분의 기도로 시작하는 하루가 충만했다. 무엇 하나 자랑할 게 없는 며느리건만 어머님의 눈길 안에서는 최고의 딸이 되었다. 가는 곳마다 칭송으로 채우셔서 어머님을 아는 분들은 다들 내게 효부라고 했다. 작은 것도 크게 감사 하시는 어머님 덕분에 작은 손길도 큰 손길로 바뀌었다. 고부간에 한 번도 불편 해 본 적이 없었던 것은 순전히 어지신 어머님의 일방적인 사랑 때문이었음을 고백한다.

어머님 방에는 모든 것이 그냥 있다. 할머님으로 물려받은 삼층장과 의걸이 그리고 이불장. 어머님이 기도하시면서 6년 동안 필사하신 성경책과 어머님의 사진이 방을 지키고 있다. 하지만 빈방이다. 그 빈자리만큼이나 모든 게 비워져 간다. 어머님의 사랑이 비워져 휑하고, 어머님의 기도가 비워져 휑하고, 어머님의 칭송이 비워져 휑하다. 그러니 오늘도 무엇을 해야 할지 몰라 그냥 시간을 보내고 있다. 어머님이 채워 주시던 것을 어디서 다시 얻을 수 있을까.

오줌 누러 가도 되나요

천국이란 어떤 곳일까. 목숨을 걸고 국경을 넘어오는 많은 사람들이 오늘도 중국과 태국의 어느 비밀 가옥에서 한국 또는 미국을 향하여 가기를 간절히 소원하며 모여 있다. 그들에게 있어 탈북은 새로운 세계를 향한 꿈을 이루는 길이다.

북한에서 국경을 넘는 일보다도 중국에 와서 숨어 지내면서 공안에게 발각되어 다시 북한으로 끌려가게 되는 일이 더 무서운 그들이다. 자신들을 이용하여 돈벌이에 나서는 브로커들이 있다. 그들의 말을 듣지 않으면 자신들의 운명이 어찌 될 것을 알기에 아무 말 못하고 그들이 요구하는 대로 따르고 있는 탈북자들은 살고 죽는 것이 얼마나 하찮은가를 일찍 터득하고 있다.

목숨을 걸고 탈북 하는 사람 가운데는 9살짜리 어린아이도 있다. 먼저 탈북 하여 한국에 와 있는 엄마를 만나기 위해 수천 킬로를 3일의 기차와 하루에 10시간이 넘는 정글 속의 산행도 참아내며 걷고 또 걸어서 왔다. 그 애가 태국에 도착하였을 때는 물도 마시지 못할 만큼의 탈진 상태였다. 죽음은 그 아이의 눈앞에 수없이 왔다갔다를 반복했다.

그렇게 죽을 고생을 하여 탈북한 사람들에겐 자유가 얼마나 소중한가를 그리고 어떤 곳이 천국인가를 너무도 잘 알고 있을 것이다. 10년 전에 탈북한 K는 열심히 돈을 모았다. 그녀의 목표는 북쪽에 있는 가족을 이곳 남한으로 데려 오는 일이었다. 어느 정도의 돈을 모은 K는 드디어 중국에 가서 북쪽에 있는 동생을 만날 수가 있었다. 북쪽에 있는 가족이라고 해야 지난 몇 년 사이에 아버지는 병들어 죽고 어머니와 남동생은 굶주려 죽었다. 오직 여동생 하나 밖에 남아 있지 않았다.

하나 남은 여동생이라도 이젠 한국에 가서 행복하게 살자고 했다. 그런데 뜻밖에 여동생은 남한에 가지 않겠다고 버틴다. 부모 형제도 없는 북한이지만 자신은 그 북한이 좋다는 것이다. 아니 좋고 나쁘다는 생각도 없다. 부모가 약 한 첩 쓰지 못하고 죽고 굶주려 죽은 사람이 얼마인데 그런 북한이 무엇이 좋아서 가느냐고 아무리 설득해도 막무가내다. 죽는 거야 어찌 죽었든지 그 사람의 명이 그것 밖에 안 되었고 자신은 그냥 북한을 떠난다는 것을 상상할 수 없단다. 자신의 손을 뿌리치고 트럭을 타고 다시 사지와 같은 북한 땅으로 가는 동생을 바라보는 K의 심경이 어땠을지 모르겠다.

「쇼생크의 탈출」이라는 영화가 생각났다. 주인공인 앤디가 레코드를 틀자 쇼생크 모든 재소자들이 멍하게 멈추었다. 음악은 점점 볼륨이 높아 가면서 그곳에 있는 모든 사람들의 몸에 전율이 흐르게 한다. 오페라의 아리아를 들어 본 적도 이해하지도 못하는 죄수 모두는 울려 퍼지는 아리아의 선율에서 아름다운 새의 비상과 교도소 벽이 무너지는 듯한 자유로움을 느낀다.

앤디는 기증 받은 도서를 정리하다 그 속에서 발견한 모차르트의 「피카로의 결혼」 중 '산들바람은 부드럽게'의 레코드를 보자 눈이 빛난다. 그리고 재빨리 방송실 문을 잠그고 레코드를 튼 것이다. 음악이 나가자 교도관들은 당황하여 어쩔 줄을 몰라하며 잠긴 방송실 문을 부수고 들어와 음악을 끈다.

그러나 그곳에 수감되어 있는 죄수들은 억압받고 있다는 사실조차도 망각한 자유를 잊어버린 지 이미 오랜 사람들이다. 그들은 오히려 자유로움을 느끼는 것 자체에 대한 두려움에 싸인다. 자유가 두렵고 바깥세상이 무서워 나가기를 거부 하는 사람들에게 그 아리아의 충격은 현재의 상황이 바뀔 것을 오히려 두려워하는 모습이었다.

자유라는 희망의 불씨가 마음속에 피어나는 것을 두려워하는 나머지 레드는 앤디가 선물한 하모니카를 손으로 만지작거리며 입에 대었다가도 끝내 불지 못한다. 40년을 살아 온 이 교도소가 레드에게는 편안하고 익숙할 뿐이었다. 그는 그 안에서 구하지 못할 것이 없었다. 앤디가 원하는 그림도 구해 주고 돌을 쪼는 망치도 구해 준다. 그러나 그가 자유를 얻어 밖에 나간다면 아무것도 할 수 없다고 말한다.

브룩스는 50년 만에 자유를 얻어 출옥하였다. 그러나 그는 출옥한 지 며칠 만에 그가 머문 모텔 방에서 '브룩스 이곳에 왔다가다'라는 흔적만을 남기고 목을 매어 자살하고 만다. 출옥한 다음날부터 어떻게 하면 다시 쇼생크에 갈 수 있을까 만을 생각하던 그였다. 익숙한 솜씨로 도서를 정리하고 다른 사람이 부탁한 물건을 몰래 전해 주곤 하던 그곳의 생활이 훨씬 더 익숙하고 편안하였다. 그러기에 자유로운 바깥세상에서는 살아갈 자신이 없었던 것이다.

앤디는 19년이라는 긴 세월 동안 오직 탈옥만을 위하여 치밀하게 움직인다. 소장을 위해 이곳저곳으로 돈을 투자하여 큰 돈으로 만들어 주기도 하여 그가 완전히 믿게 만든다(물론 나중에 그 돈을 엔디가 다 가지고 가지만). 또한 탈출구를 만들기 위해 날마다 조금씩 벽을 파내어 그 돌조각을 호주머니에 넣고 일하러

나올 때마다 아무도 눈치 채지 못하게 조금씩 흘린다든지 그의 탈옥은 어느 누구도 상상조차 못할 일이었다.

레드는 앤디가 돌을 쪼는 망치를 구해 달라고 할 때 만일 그가 벽을 뚫는다면 아마도 30년은 넘게 걸리리라 생각했다. 그리고 그때쯤이면 앤디 역시 이곳에 길들여져서 탈옥을 포기하게 될 거라 생각했다. 그러나 레드의 예상을 깨고 앤디는 탈옥을 했다. 아직 억압에 길들여지지 않았던 앤디였기에 탈옥이 가능했다.

40년 동안 쇼생크에서 지내던 레드가 드디어 출옥을 하게 되었다. 그는 어느 슈퍼마켓에서 일하게 되었다. 그는 배뇨가 느껴질 때마다 지배인에게 오줌 누러 가도 되느냐고 묻는다. 생리현상을 두고 시간 마다 허락을 받는 사람은 없다. 그러나 40년 동안 그렇게 지내왔던 레드는 허락 없이 화장실에 간다는 것이 오히려 익숙하지가 않았다.

죽음을 무릅쓰고 탈북하여 남한에 살고 있는 K는 자유가 얼마나 소중한가를 잘 알고 있다. 그러기에 10년을 기다려 돈을 모아 사랑하는 동생에게도 자기가 누린 자유를 주고자 했다. 그러나 그녀의 동생은 자유가 두려울 뿐이었다. 익숙한 북한에서의 삶이 언니의 애원에도 불구하고 다시 북쪽으로 발길을 돌리게 만들었다.

엄마 내음 딸 내음

요즘은 날씨를 종잡을 수가 없다. 4월 초순이면 봄이 한창 어우러질 때가 되었건만 아직도 날씨가 차다. 어제는 강원도 지방에 때 아닌 폭설이 내려 차들이 움쩍달싹도 못하는 것을 보았다.

오늘은 토요일, 아이들이 오는 날이다. 차에서 내릴 아이들이 찬바람에 감기라도 들면 어떡하나 걱정이다. 오는 동안 얼마나 지루했을까? 한 주일 동안 아프지 않고 잘 지냈을까? 궁금하고 어서 만나고 싶은 마음에 가만히 앉아 기다리게 되질 않는다.

벌써 세 차례나 엘리베이터를 타고 오르내리며 들어오는 차마다 살핀다. 인사성 바른 경비 아저씨는 오르내릴 적마다 "안

녕히 다녀오세요.” “잘 다녀오셨습니까? 올라가세요.” 모자까지 벗어들고 정중하게 인사를 반복한다. 아저씨의 친절한 인사가 이럴 땐 부담스럽다.

이번에는 베란다 유리창을 통해 주차장을 내려다본다. 드문드문 차가 들고 난다. 드디어 아이들이 탄 차가 들어오는 게 보인다. “애들 왔다.” 나는 소리를 지르며 아이들에게 둘러 줄 모포를 들고 잽싸게 내려간다. 자동차 문을 열자 아이들이 잠에서 막 깨어난다. 아직 잠이 덜 깬 아이들은 좀 뚱한 표정이다.

“영빈아, 지후야 어서 와.”

나는 아이들을 와락 껴안는다. 작은아이 지후가 슬그머니 내 손을 밀어내고 제 아빠의 손에 매달린다. 반가움에 어쩔 줄 몰라하는 나완 달리 아이들의 표정은 조금 낯선 듯하다. 제 아빠는 아이들이 아직 잠에서 덜 깨어 그렇다고 하지만 난 살짝 서운한 맘이 든다. 큰애 영빈이는 그래도 이 할머니의 맘을 알아준다. 여섯 살짜리를 한두 살짜리 아이 안 듯 모포로 폭 싸안고 볼에 입을 맞춘다.

아 사랑스런 내 아이들. 아이들을 보면 속에선 뜨거운 눈물이 왈칵 쏟아진다. 그래도 어떻게 아이들 앞에서 조금이라도 그런 내색을 할 수가 있는가. 환하게 가장 밝게 크게 웃는다.

“어머님 영빈이 무거워요. 내려놓으세요.”

엘리베이터 안에서도 내려놓지 않고 이마와 볼에 뽀뽀를 하는 나를 보고 사위는 허리 다친다고 걱정이다. 이때는 어디서 힘이 나는지 영빈이가 하나도 무겁지 않다.

마누라도 없는 처가에 매주 토요일마다 일산에서 우리 집까지 먼 길을 마다 않고 꼬박꼬박 아이들을 데리고 와 주는 사위가 얼마나 고마운지 모른다. 고맙기 그지없는 사위의 옆얼굴을 살핀다. 잘생긴 사위가 까칠하고 수척해 보인다. 얼굴에 윤기가 없다. 안쓰러워 맘이 아프다.

태어나서부터 내 손에서 가장 많이 자란 영빈이는 외할머니인 나를 많이 좋아한다. 친가로 간 지 1년여가 되었지만 여전히 나를 잘 따르고 외가에만 오면 몇 밤이고 더 자고 싶어 안달이다. 가지고 놀던 장난감과 모든 물건들을 다 기억하고 제 집처럼 편안해한다.

이런 영빈이와 달리 지후는 올 적마다 외가를 약간 낯설어한다. 돌도 되기 전에 엄마와 떨어져 있다가 엄마를 불러 보지도 못하고 잃었으니 엄마 없는 외가가 늘 낯선 게 당연하다. 제 형이 여기저기 활개를 치고 다니며 쑤셔대면 그때서야 조금씩 풀어지곤 한다. 외할머니와 이모를 끔찍이 좋아하는 형을 보고 저도 덩달아 내게 안기기도 하고 이모를 따르기도 한다.

오늘은 아이들과 그림 그리길 했다. 영빈이는 그림을 잘 그린다. 순식간에 그림 열 장을 그렸다. 수박이나 딸기, 곰, 인형 등을 그렸는데 색상이 아주 밝고 안정감이 있다. 아이들의 그림을 보면서 감사를 드린다. 조금도 그늘이 없이 참 밝고 건강하게 잘 자라고 있음을 보여주기 때문이다.

아이들과 함께 자동차 경주놀이도 하고 요즘 인기 있는 연속극의 어느 주인공처럼 요리사가 되어 요리대회도 한다. 아이들은 같은 놀이를 몇 번이고 반복해도 재미있어한다. 오늘은 아이들과 무엇을 하며 신나게 놀아줄까 미리 계획을 세우지 않아도 하루가 늘 짧다. 섬세하고 민감한 영빈이는 무슨 물건 하나만 바뀌어도 가장 먼저 알아챈다. 이모 방에 놓인 액세서리 하나까지 차근차근 잘 챙겨 놓으며 기억하는 영리한 영빈이다. 이렇게 영리한 아이인데도 제 엄마의 얼굴은 벌써 잊었나 보다. 제 엄마의 사진이 한 장도 눈에 띄지 않게 치워 두어 사진조차 못 본 지가 2년이 다 되어 가고 금기처럼 엄마라는 단어조차 사용하지 않아서일까.

우리 집 거실 한 모퉁이에 몇 해 전 일가친척들 이십여 명이 다 모여서 찍은 사진 한 장이 도자기 너머에 숨어 있다. 영빈이는 그 사진을 꺼내 보며 한 사람 한 사람 알아 맞춰본다.

"외할머니, 외할아버지, 이모, 삼촌, 고모할머니, 고모할아버지, 외숙모, 작은 고모할머니, 아빠, 영빈이, 근데 이 사람은 누구지? 이몬가? 아니 이모는 여기 있는데…."

암만 생각해도 모르겠다는 표정을 지으며 제 엄마를 짚으며 알아보지 못하고 이몬가 하는 영빈. 그래 엄마와 이모는 많이 비슷하지.

"우리 엄마 밥은 먹는 거야?"

언젠가 느닷없이 엄마를 걱정하며 묻던 아이가 엄마의 얼굴을 잊다니. 아이의 기억 속에 있는 엄마는 많이 아프다. 말도 못하고 일어나지도 못하는 엄마를 병실에서 마지막으로 봤다. 아이는 그 엄마가 언젠가는 올 거라고 생각한다. 호주에서 살다 온 아이는 엄마가 다 나아서 오면 다시 호주에 가서 함께 살게 될 거라고 생각하며 기다린다.

우리 집에는 제 엄마의 체취가 아직도 많이 남아 있다. 종일 거실에서 함께 앉아 있던 소파와 식탁. 늘 껴안고 있던 인형들. 물건마다 공간마다 엄마의 손길이 지났던 이곳. 아무리 엄마의 얼굴은 가물거리고 기억은 점점 희미해져 가도 아이는 저절로 이곳에서 엄마를 느낄 것이다. 나 역시 아이들에게서 딸을 느낀다. 딸의 모습을 찾고 싶어 하고 딸의 내음을 맡으려 한다.

"아빠, 나 한 번만 더 자고 가면 안 돼?"

오늘도 영빈이는 제 아빠를 조른다.

"할머니, 내일 교회에서 바쁘셔서 안돼."

나 역시 보내기 싫어 슬그머니 사위의 눈치를 보며 하루 더 있다 가면 안 될까고 묻는다.

"어머님 힘드실 텐데요." 하더니 겨우 허락을 한다.

"아빠 나도 여기서 자고 갈 거야." 지후도 안 가겠다고 한다.

"넌 할아버지 떨어져 못자잖아? 그냥 아빠랑 가."

친가 할아버지 품이 엄마 품인 줄 알고 자라 온 지후는 형 따라서 한 번 해본 소리다. 조금 생각하는 척하더니 냉큼 일어나 아빠 손을 잡고 나선다.

오랜만에 외가에서 자게 된 영빈이는 신이 났다.

"아빠 안녕, 지후 안녕." 하기가 바쁘게 "할머니" 하고 내게 매달리며 침대가 내려앉을 정도로 껑충거린다.

"영빈아 우리 이거 웬 선물이냐?"

아이와 나는 서로 껴안고 이마를 맞대고 깔깔거리며 뒹군다. 그리고 둘이는 킁킁거린다. 나는 딸의 내음을 맡으려 킁킁거리고 아이는 엄마의 내음을 맡으려 킁킁거린다.

봄꽃 이불

웅성거리는 소리에 귀를 기울인다. 톡톡, 흐흠, '녀석들 아우성이군.' 천 세대 가까이 사는 아파트지만 한낮의 아파트 뜨락은 나다니는 사람들이 드물다. 조용하다 못해 고요할 정도다. 이 조용한 뜰에 분주한 건 박새와 까치 그리고 참새 떼들이다. 그런데 요즘 이곳이 몹시도 시끌벅적하다. 눈이 부시게 피어나고 있는 벚꽃들이 터지는 소리다.

발밑에는 보도블록 사이를 비집고 얼굴을 활짝 펴고 있는 민들레가 퍽 대견해 보인다. 해마다 피고 지는 꽃들인데도 지난 겨울은 유난히도 추웠기에 그 추위를 이기고 피어나는 꽃들이 참 신비롭게만 느껴진다. 민들레 옆으로 개미들이 부지런히 오간다.

발 밑에는 보도블록 사이를
비집고 얼굴을 활짝 펴고
있는 민들레가 퍽 대견해
보인다. 해마다 피고 지는
꽃들인데도 지난 겨울은 유
난히도 추웠기에 그 추위
를 이기고 피어나는 꽃들이
참 신비롭게만 느껴진다.
-봄꽃 이불

하루 서너 차례씩 바깥바람을 쏘이곤 하는 703호 할아버지가 비틀거리는 걸음으로 지팡이에 몸을 의지하고 나오신다.

"어르신 나오셨어요? 여기 앉으세요." 100세가 다 되신 어른이신데도 아직 정신이 맑으시다.

"할머니는 요즘 어떠세요?" 나는 할아버지의 손을 잡아 앉혀 드리면서 물었다. 허나 할아버지는 묻는 내 말을 못 들으셨는지 "벚꽃이 정말 아름답네요. 자연은 이렇게 기가 막히게 아름다운데 세상 제일 못쓸 게 사람인기라요." 하며 흐릿하고 가물거리는 눈으로 벚꽃만 올려다본다.

"우리 할머니가 이 벚꽃을 얼마나 좋아했는지 몰라요. 그저 꽃만 피면 여기 앉아서 들어가려고 하질 않았는데 이젠 영 틀렸어요."

우리 아파트에서 703호 할아버지 내외를 모르는 사람이 없다. 두 분이 언제나 정답게 손을 잡고 산책하는 모습은 그림 같았다. 몇 년 전부터 할머니는 몸을 제대로 가누지 못했다. 할아버지는 한 손엔 지팡이 그리고 한 손에 할머니의 손을 잡고 여전히 동산을 몇 바퀴씩 돌았다. 약간 치매기가 있으신 할머니는 그만 걷겠다고 할아버지의 손을 뿌리쳐 가며 투정을 부리기도 했다. 그때마다 어린애처럼 달래가며 억지로라도 걷게 하며 이 벤치에 앉아 해바라기를 하곤 했다.

그런데 지난해부턴 할아버지의 걸음걸이도 점차 뒤뚱거려지기 시작하면서 할머니는 점점 치매도 심해지고 몸을 아주 쓰질 못해 나오질 못한다. 환하게 피어있는 벚꽃을 바라보는 할아버지의 눈에 눈물이 그렁그렁하다. 할머니는 벚꽃이 가득 피는 봄날에 벚꽃 아래서 죽었으면 좋겠다는 말을 자주했다고 한다. 20년 째 살고 있는 이 아파트가 유난히 벚꽃나무가 많아서 벚꽃이 피는 봄이면 정말 환상적이기도 하지만 할머니에겐 더 잊지 못할 추억이 있단다.

객지로 떠나 직장생활을 하던 할아버지를 기다리며 층층시하 시집살이에 헤어나지 못하고 살던 할머니에게 할아버지는 고향집 마당에 당시 일본 국화라고 심기를 권장하는 사쿠라 두 그루를 사다가 심어 주었단다. 할머니는 할아버지가 심어 주고 떠난 사쿠라 나무를 열심히 길렀다. 몇 해 지나지 않아 환하게 피어나는 꽃을 바라보며 남편 없는 외로움을 달래며 살았다고 한다. 할머니가 살아 온 세월은 참으로 험한 세월이었다. 그 험한 세월을 할머니는 이 벚꽃의 위로로 살아왔을 거라고 했다.

할아버지는 발아래 지나는 개미떼를 지팡이 끝으로 슬쩍 건드린다. 갑자기 개미들이 놀라 혼비백산이다. 그러나 조금 지나니 개미들은 다시 열을 가다듬고 제 갈 길을 잘도 찾아간다.

"이 작은 미물도 다 제 길을 찾아 가는 게 너무도 신비롭지요?"

집조차 찾지 못하고 누워있는 할머니가 영 마음에 걸리신 거다.

할아버지는 낮은 가지에 있는 벚꽃가지를 꺾으려고 일어선다. 지팡이로 가지를 붙들려고 애를 써도 훌쩍 커버린 벚나무의 가지는 손에 잡히지 않는다.

"할머니 갖다 드리려고요?"

나는 벤치에 올라 까치발을 하고 꽃이 다복이 달린 가지 하나를 뚝 분질러 건네 드렸다.

"예, 하도 고부니 혹시 할멈이 알아보고 좋아할까 봐서요."

나는 벚꽃 향기를 맡고 계신 할아버지를 홀로 두고 먼저 집으로 들어왔다.

한참 후 저녁거리를 사러 마트를 가면서 혹시나 하고 아까 할아버지와 앉아 있던 벤치에 들러봤다.

벤치에는 손에 벚꽃가지를 든 채로 할아버지가 눈을 감고 누워 있었다. 나는 흔들어 깨우려다 멈추었다. 그 몸 위로 연분홍의 벚꽃이 수북이 떨어져 할아버지를 덮고 있었다.

도토리

우리 아파트 옆에는 작은 동산이 있다. 동산 아래는 조깅코스가 있고 꼭대기엔 몇 가지 운동기구도 있어서 가볍게 운동하기엔 아주 그만이다. 이 작은 동산엔 언제나 꽃이 가득하다. 봄이면 할미꽃, 산수유, 그리고 벚꽃과 진달래가 피고 이내 아까시와 때죽나무 그리고 벌개미취와 맥문동의 보라색 꽃이 피고 나면 가을엔 하얀 야국이 온산을 덮는다.

나는 새벽기도를 마치면 으레 이 동산에 오른다. 매일 아침 만나는 사람들이 있다. 약속을 하지 않아도 언제나 같은 시간에 나오는 사람들. 이들과 서로 정다운 인사를 나누고 함께 운동하며 시작하는 하루는 언제나 힘차고 싱그럽다.

그런데 요즘 이 동산에 야단이 났다. 바로 6년 만의 대풍이라는 도토리 때문이다. 이른 새벽에 도토리 떨어지는 소리는 마치 커다란 바윗돌이라도 떨어지듯 쿵하는 소리가 엄청나게 크다. 그 소리를 쫓아가 보면 굵고 실한 도토리가 반짝반짝 윤을 내고 떨어져 있다. 바람이 불거나 비라도 오면 쿵쿵하는 소리가 여기저기서 난다. 소리를 쫓아 줍다보면 금방 양쪽 호주머니가 볼록해진다.

처음엔 그냥 재미삼아 줍던 것이 점점 많아지자 이젠 너도나도 본격적으로 도토리 줍기에 나섰다. 이 잡듯이가 아니라 도토리 줍기라는 말이 새로 생길 정도로 몇 년 동안 한 번도 들어간 적이 없는 산 속까지 나뭇잎을 하나하나 들춰가며 도토리를 줍는다.

도토리는 하루 종일 떨어진다. 그래서 사람들은 동이 트기가 무섭게 나와 종일 산에서 산다. 가을 산을 하얗게 뒤덮던 야국을 그리도 애찬하며 좋아 하던 사람들이 그 야국을 밟고 뭉개가면서까지 도토리 줍기에만 열중이다. 누가 혹시 꽃을 꺾기라도 하면 사정없이 나무라던 그들이었는데 도토리에 팔린 사람들은 이젠 그런 것엔 아랑곳도 하지 않는다.

사람들은 아침 운동도 하지 않는다. 모두 산에 엎드려 도토리 줍기에 열중하느라 운동도 잊어버렸다. 그뿐만이 아니다. 서로 정답게 인사하던 사람들이 다른 사람보다 더 일찍 일어나 산에 나오려고 기를 쓴다. 쿵하고 떨어지는 도토리 소리에 따라 사람들의 마음은 점점 멀어져 간다.

2. 평범한 날의 기적들

스패포드의 평안

사람이 살아가는 동안 순탄한 길만을 걷는다면 얼마나 좋을까. 그러나 이런 바람과는 달리 우리는 힘들고 어려운 일들을 만나게 된다. 순탄하게 산다는 것은 무슨 거창하고 대단하게 살겠다는 뜻이 아니다.

그저 먹고 사는데 남에게 꾸러 가지 않고, 건강도 남에게 신세지지 않을 정도면 되고, 자식들 제 앞가림 잘 해서 부모 속 썩히지 않았으면 하는 바람 정도이다. 그러나 이런 지극히 평범한 일들이 얼마나 큰 기적인가를 몰라서 하는 소리다.

하루를 사는 동안 숨쉬기조차 힘들어 하는 사람도 있고 한 걸음 걷지도 일어서지도 못해 신음하는 사람도 드물지 않다. 사는 것이 죽는 것만도 못하다며 죽음의 길로 들어서는 사람도 있다.

내가 가장 좋아하는 분 중에 젊어서부터 관절염으로 10여 차례나 수술을 한 분이 있다. 그는 마치 수술 실험 대상자처럼 손가락, 무릎, 발가락 등을 그렇게나 여러 번 수술 했지만 여전히 손가락은 제멋대로 늘어져 있고 무릎은 한 번에 일어서지도 못하고 휠체어가 아니면 외출은 생각도 못한다.

봉사 도우미가 일주일에 세 번씩 반찬을 넣어 주는 것과 정부에서 주는 보조금으로 간신히 생활한다. 그런데도 그분의 얼굴은 언제 만나도 그저 생글생글 웃는 얼굴이다. 그리고 말끝마다 '감사합니다'가 입에 달려있다. 얼마 되지 않는 생활비도 아껴서 남을 돕는 일에 선뜻 내놓기도 자주 한다. 그분과 함께 있으면 나는 너무도 많은 걸 가지고 있어 자신이 부끄러워진다.

불편한 걸로 말하자면 얼마나 많겠는가. 냉장고에 넣어둔 반찬을 꺼낼 때마다 쏟아질까 안간힘을 쓰는 것. 화장실에 갈 적이면 엉금엉금 기어서 겨우 문고리에 매어둔 끈을 잡고 일어서는 일. 병뚜껑 한 번 돌려보지 못한 불편들…. 그런데도 신기하게 그분의 얼굴엔 평안과 기쁨으로 항상 가득하니 정말 알 수 없는 일이다.

내게 힘이 들고 어려울 때에 참으로 위로가 되는 노래가 있다. 그건 '내 평생에 가는 길 순탄하여 늘 잔잔한 강 같든지 큰 풍파로 무섭고 어렵든지 나의 영혼은 늘 편하다.'라는 노래다.

이 노래를 지은 사람은 스패포드라는 미국의 젊은 변호사다. 그는 아주 유능하고 재산이 많은 변호사였다. 그에게는 아름다운 아내와 5남매의 자녀가 있었다. 남부러울 것 없이 행복하게 살아가던 그가 어느 날 4살짜리 외아들을 열병으로 잃게 되었다. 그리고 1년 후엔 시카고의 부동산에 투자했던 전 재산을 시카고 대화재로 모두 잃고 말았다.

갑자기 닥친 환란에 낙심하고 지쳐있던 가족은 휴식을 얻고자 유럽여행을 계획하고 아내와 4명의 딸들을 먼저 영국으로 보내며 자신은 며칠 후에 가기로 했다. 그런데 대서양을 지나던 배가 영국의 철갑선 라키언호와 충돌하여 266명이 죽는 대참사를 당하게 되었다. 이때 4명의 딸들은 모두 죽고 아내만이 간신히 구조되었다는 처참한 소식을 듣게 되었다.

스패포드는 너무도 참담하여 절망의 끝자락에서 하나님을 원망하며 울부짖었다. 그는 며칠 후 아내와 아이들이 지나간 길을 거쳐 영국으로 가는 도중 아이들이 죽었다는 해협에 다다르게 되었다. 그 지점을 지날 때 스패포드는 몸부림치며 하나님께 기도하던 중 하나님의 말씀이 들려왔다. 그의 마음을 위로하시는 하나님의 음성을 들은 것이다. 순간 마음에 알 수 없는 평안이 밀려왔다. 생각지 못했던 깊은 평안이 가득 차오르자

즉시 낡은 편지 봉투와 몽당연필을 들고 그 평안함을 적었다. 이런 상황 가운데 쓴 것이 바로 이 노래다.

당시에 부흥 운동의 주체이던 무디와 생키가 스패포드를 위로하러 왔다가 스패포드가 내민 이 노랫말을 보고 오히려 위로를 받았다고 한다.

나에게 닥친 힘든 일들로 지쳐 있을 때 나 역시 이 노래로 인해 많은 위로와 평안을 얻었다. 자신에게 닥친 어려움으로 인해 오히려 많은 사람들에게 위로와 평안을 주고 있는 것이다. 그것이 바로 하나님의 계획이셨는지도 모른다.

'내 영혼 평안해 내 영혼 내 영혼 평안해.'

어떤 여행

'철거덕 철거덕' '드르륵 찌직' 소란스런 소리와 함께 멀리 여행을 떠났다.

산을 지나고 내를 건너기도 한다. 들에는 노란 유채꽃이 가득 피어있다. 보리밭엔 누렇게 익은 보리가 한들거린다. 하늘엔 하얀 구름이 둥실 떠가다 금세 검은 구름이 몰려오기도 한다. 우두둑 한바탕 소나기가 쏟아진다. 양철지붕 아래서 비를 피한다. 양철지붕 아래서 듣는 빗소리엔 음악이 흐른다.

땅에 떨어지는 빗줄기에 발가락이 저절로 꼼지락거려진다. 그러다 움찔 놀라 멈춘다. '움직이면 안 된다.'는 주의를 들었기 때문이다. 갑자기 목이 간질거린다. 시원하게 기침을 한바탕 했으면 한다. '기침을 하면 안돼요.' 그래 기침도 참아야 한다.

비는 그쳤는데 쇼팽의 「빗방울 전주곡」이 들린다. 조르쥬 상드를 기다리다 창밖에 내리는 빗소리를 들으며 작곡한 그 피아노곡이 말이다. K와 이별을 하고 아픔을 달래기 위해 밤마다 듣던 곡이다. 갑자기 들려오는 낯익은 허밍음, 바로 K의 허밍음이 섞여온다.

시간이 흐르면 이별의 아픔도 아름다운 추억이 되는가. 추억은 꼬리를 무는데 갑자기 커다란 바위가 길을 막는다. 바위를 이리저리 굴려보느라 진을 뺀다. 꼼짝도 하지 않는 바위를 커다란 해머를 갖고 깨드린다. '꽝 꽝' 소리만 요란할 뿐 바위는 요지부동이다. 하는 수 없이 남포를 놓는다. '우르릉 꽝' 이제야 바위는 부서지고 수많은 돌멩이가 쏟아진다. 바위까지도 깨뜨리고 나아가는 길엔 새로운 쾌감이 인다.

허나 얼마 가지 않아 다시 길이 막힌다. 이번에 엄청나게 큰 쇳덩어리다. 아무래도 산소 용접기를 동원해야 될 것 같다. '지지직 프르르' 파란 불꽃이 튀면서 쇠는 녹는다.

손이 자꾸 움찍거려진다. 움직이지 말라는 지시가 다시 떠올라 그냥 꼼짝 않는다.

"김영례님 잘 참으셨습니다. 이제 다 끝났습니다."

동굴 속 같은 기계가 스르르 밀리면서 나를 밖으로 내보낸다.

"힘드셨죠? MRI 결과는 내일 담당선생님께 보내 드리겠습니다.”

시간은 겨우 40분이 지났을 뿐인데 나는 아주 먼 여행을 하고 돌아왔다.

하나님이 그리 하셨기에

지나는 차마저 드문 한적한 산자락에 막 피어난 망초가 흔들거립니다.

참나무 가지에서 뻐꾹새 한 마리가 뻐꾹 뻐꾹 하다가 앞산으로 포르르 날아갑니다. 하늘에는 구름 한 점 없이 깨끗한데 철이른 고추잠자리 몇 마리가 유영하고 있습니다.

이 아름다운 동산에 나의 사랑하는 딸이 잠들어 있습니다. 몇 해 전 윗 조상님들을 위해 잘 만들어 둔 납골묘에 나의 사랑하는 딸을 먼저 안치하게 되리라고 상상이나 했겠습니까.

그런데 우리는 열흘 전에 딸을 한줌 재로 만들어 이곳에 넣었습니다. 그리고 오늘 딸의 서른네 번째 생일을 맞아 작은 생일케이크와 꽃을 사들고 와서 생일기념 예배를 드리고 있습니다.

'저 건너편 강 언덕에 아름다운 낙원 있네. 믿는 이만 그곳으로 가겠네….'

우리는 황금문을 열고 들어가서 주님과 함께 살고 있을 딸을 그려 보면서 찬송을 불렀습니다. 남편은 이제는 아픔도 고통도 슬픔도 없는 영원한 하늘나라에서 주님과 함께 평안을 누리고 있을 딸을 바라보며 위로 받자고 말씀을 전해 줍니다.

생일. 우리 딸이 태어나던 그날의 기쁨을 어떻게 말로 다할 수 있겠습니까. 남편의 나이 서른네 살에 얻은 첫딸은 남편에게 크나큰 기쁨 자체였습니다. 세상에 자식 얻은 사람이 자기 혼자뿐인 양 남편은 여기저기에 전화를 하며 자랑하였습니다. 고물고물한 손을 만져가며 신기해서 어쩔 줄 모르던 아빠. 자고 있는 아이를 일부러 깨워서 울려 보기도 하고 오물대는 입을 보며 벌써 말을 한다고 신이 나기도 했었던 그날.

우리는 그 딸로 인하여 얼마나 많은 행복한 시간을 보냈는지 모릅니다. 아이는 무척 영특하였지요. 세 돌이 되기도 전에 동화책을 읽어주면 내용을 금세 다 외웠습니다. 책장을 넘기면서 조금 전에 읽어 준 것을 그대로 읽듯이 종알종알 댔습니다. 나는 천재를 낳았다고 떠들었습니다. 아이는 참으로 곱고 예쁘게 잘 자랐습니다.

초등학교 1학년 때는 동대문 실내스케이트장까지 데리고 다니면서 스케이트를 개인지도 시켜가며 가르쳤답니다. 하나를 가르치면 둘을 터득 할 만큼 스케이트를 아주 잘 탔습니다. 그때 더 열심히 가르쳤더라면 아마 김연아 같은 선수로 키울 수도 있었지 않나 생각되어집니다. 그뿐이 아닙니다. 스키, 볼링, 수영 등 시키는 운동마다 잘하였습니다. 운동만이 아니라 그림도 잘 그리고 공부도 잘 해서 늘 우리의 자랑이었습니다.

딸이 대학원에서 상담을 전공하면서부터는 정말 성숙한 인품을 지닌 사람으로 성장하였습니다. 상담을 전공한 사람답게 어떤 사람에 대하여 내가 조금만 불편한 생각을 하거나 불만이면 "엄마 사람마다 다 여러 유형이 있어요. 그 사람은 다만 그런 유형일 뿐 나쁘거나 잘 못 된 것이 아니어요." 하며 이 부족한 어미를 오히려 일깨워 주곤 하던 의젓하고 생각이 깊은 딸로 자랐습니다.

혼기가 차자 좋은 남편 만나 아들 둘을 낳고 막 행복해 하며 열심히 살아가고 있던 딸에게 느닷없이 찾아 온 이 병은 딸의 서른네 해의 삶 모든 것은 다 뺏어가고 말았습니다. 너무도 무참하게 빼앗긴 삶. 이젠 흔적조차 없는 딸. 그 딸의 묘지에서 딸의 생일을 어떻게 축하하며 노래할 수가 있겠습니까. 도저히 찬양을 할 수가 없었습니다. 아무리 하늘나라가 아름답고 좋기로 어린 자식을 두고 가는 어미가 어찌 기쁘게 그곳으로 갔겠

너무도 무참하게 빼앗긴 삶, 이젠
흔적조차 없는 딸. 그 딸의 묘지에
서 딸의 생일을 어떻게 축하하며
노래할 수 있겠습니까.
— 하나님이 그리 하셨기에

습니까. 어찌 그의 걸음이 편할 수가 있었겠습니까.

이 모든 것이 다 하나님의 뜻이니 그저 감사하라는 남편의 말을 그대로 받아들일 수가 없습니다. 천만 번 생각해도 이건 감사가 아닙니다. 정말 하나님이 살아 계신다면 이리 하실 수가 없는 일이었습니다.

온 가족이 얼마나 간절히 기도 했는지요. 몸이 부서지게 기도했습니다. 제발 딸을 살려달라고. 우리 가족만이 아닙니다. 딸을 한 번도 본 적이 없는 분들까지 우리 딸을 위해 밤을 새우고 금식을 해가며 함께 기도해 주신 분들이 셀 수도 없이 많았습니다. 그분들의 눈물이 얼마나 많았는지를 나는 잘 알고 있습니다.

5분도 누워있질 못할 만큼 극심한 고통 가운데 울부짖으며 주님께 매달릴 때도 아무런 응답이 없었습니다. 그래도 우리는 죽은 나사로를 살리신 주님이 마지막 순간에 분명 살리실 것을 믿으며 밤을 새우기를 얼마였는지요.

그러나 주님은 우리의 기도를 끝까지 들어 주시지 않으셨습니다. 기도란 그냥 우리의 생각대로 하는 것이지 하나님의 뜻과 같거나 하나님이 원하시는 것이 아니란 것은 잘 압니다. 그럼에도 불구하고 우리는 우리의 생각대로 정해두고 기도하며 떼를 씁니다.

우리가 원하는 대로 이루어지지 않는 것도 다 하나님의 뜻이라는 것쯤은 나도 잘 알고 있습니다. 그렇지만 정말 이렇게 우리 딸이 가게 된 것이 그대로 하나님의 뜻으로 받아들이기엔 너무도 억울합니다.

선교사로 모든 것 내어놓고 헌신하는 우리 가정에서 이런 일이 생겼다는 것은 하나님의 입장에서도 아주 불리한 조건입니다. 하나님을 믿으면 복을 받는다고 전도하는데 세상에 어느 누가 우리 가정을 보고 하나님을 믿으려 하겠습니까. 이건 누가 봐도 하나님이 잘못 생각하신 일입니다.

밤낮으로 하나님께 묻습니다.

"하나님 왜 그리 하셨나요? 하나님은 정말 전능하신 분이시잖아요. 우리를 지으시고 우리의 생명의 주관자이시잖아요. 그런 하나님이 왜 하필 우리 딸을 데려 가셨나요? 무엇 때문이죠? 어린 것들과 그 남편은 어찌 하라고요?"

정말 수도 없이 묻고 또 묻습니다. 과연 하나님의 뜻은 무엇입니까. 겨자씨만한 믿음이 있으면 이 산 더러 저리로 가라하면 간다고 성경에 분명 말씀 하셨거늘 평생을 오직 믿음으로 살아 온 내가 겨자씨만한 믿음도 없었던 것일까요.

암만 생각해도 모르겠습니다. 밤을 새우면 머리만 하얗게 비어질 뿐입니다.

"범사에 감사하라."

성경 말씀 중에 이 말씀처럼 지키기 어려운 말씀이 없는 듯 합니다. 얼마나 입에 달고 살아 온 말씀인데 정말 이 순간도 감사해야 하는데 그리 할 수가 없습니다. 요즘엔 기도조차 할 수가 없습니다. 진이 다 빠져 기도할 여력마저 없어져 버린 겁니다. 내가 봐도 내 몰골이 처참합니다.

교우들 앞에 서기가 너무 부끄러워 어디론지 숨고만 싶습니다. 자식 잃은 부모의 맘을 이제야 정말 헤아릴 수가 있을 것 같습니다. 이젠 다른 사람의 슬픔을 다 내 마음 깊이 이해하고 안아 줄 수 있을 것 같습니다. 그렇습니다. 그동안 너무 편안하고 안일하게 세상을 살아 왔습니다. 부족한 것 없고 늘 감사할 일만 많았으니 그저 축복된 삶이라고 만족하며 살아 왔을 뿐입니다.

누군가는 힘이 들고 아파한다는 것을 모르고 아니 모른 체하면서 그저 인사치레로만 하고 살아왔습니다. 얼마나 많은 사람들이 오늘도 고통 가운데 슬퍼하는가는 외면하며 살아 왔습니다. 그러면서도 성직자의 가정이라고 하나님의 일을 하는 거룩한 자라고 외식하는 삶을 살아왔습니다.

곰곰이 생각해 보면 온통 부끄러운 삶이었습니다. 어제 오랜만에 열어 본 멜 속에서도 한 어미의 절규가 들어 있었습니다.

말기암으로 죽어 가는 한 어미가 아빠도 없이 두고 가야하는 어린 딸 슬기로 인해 피를 토하는 고통을 써놓은 메일이었습니다. 나는 이 일이 곧 나에게 일어난 일과 다름이 없다는 안타까움으로 그녀에게 얼마의 금액을 보냈습니다. 내가 보낸 작은 돈이 어찌 그녀의 고통을 조금이라도 덜어 줄 수야 있었겠습니까마는 그냥 외면할 수는 없었습니다. 이젠 늘 다른 사람의 고통에 함께 아파해 주려고 합니다.

이젠 더 이상 하나님의 뜻을 묻지 않기로 했습니다. 그렇습니다. 우리를 가장 사랑하시는 분은 역시 하나님이십니다. 내가 아파할 때 하나님의 마음도 아프셨을 것입니다. 내가 힘들어 할 때 하나님도 힘드셨을 것입니다. 내가 힘을 다해 기도할 때 하나님은 바로 나와 함께하셨다는 것을 압니다. 끝까지 나와 함께하셨던 하나님이 우리 딸과도 늘 함께하셨다는 것을 압니다.

그러기에 더 이상 하나님에 대하여 원망하는 맘을 버릴 것입니다. 다만 고개를 끄덕이며 '하나님이 그리 하셨군요.' 하고 다 받아들일 겁니다. 하나님이 하신 일인데 인간인 제가 어찌 불만과 불평을 할 수가 있겠습니까. 그렇습니다. 그냥 감사하겠습니다.

서른네 해 동안 딸로 인해 행복하였던 모든 것 감사합니다.

그리고 예쁜 두 손자 남겨 주신 것도 감사합니다. 이 손자들이 잘 자랄 것도 믿으며 감사합니다. 슬픔 가운데서도 맘에 위로와 평안을 주신 것도 감사합니다. 오직 이 모든 일이 하나님의 뜻이기에 그냥 감사합니다. 오늘 사랑하는 딸의 서른네 번째의 생일을 축하하고 감사합니다.

작은 행복

설을 며칠 앞둔 미장원엔 손님이 제법 많았다. 내가 그 미장원에 들어섰을 때에 그중에 눈에 띄는 일가족이 있었다. 예닐곱 살 되어 보이는 아들과 더 어린 딸아이와 부부가 머리 손질을 거의 마무리 하고 있는 중이었다.

남편은 아내의 파마머리를 만지작거리며 아들을 쳐다보고 무어라 한다. 아들이 곁에서 "아줌마 이쪽 조금만 더 잘라 달래요. 그리고 앞머리는 더 펴 달래요." 한다.

"응 알았어. 자 이제 마음에 드세요."

미장원 주인의 말에 남편은 환하게 웃으며 고개를 끄덕인다. 아들의 꽁지머리는 고무줄이 묶여있고 노랗게 탈색까지 되어있다.

"아빠, 내 머리 됐어?" 하자 역시 아들의 머리를 만져가며 고개를 끄덕인다. 파마머리를 양갈래로 묶고 있는 딸의 머리도 한 번 쓰다듬어 본다.

아내도 남편의 말쑥하게 손질한 머리를 쳐다보며 거울 속에서 주고받는 수화가 한참이나 요란하다. 다들 만족하다는 표정이다.

남편은 주머니 속에서 만원짜리 두 장을 꺼낸다. 미장원 주인은 오늘은 특별히 설 선물로 그냥 가라고 한다. 남편은 펄쩍 뛰며 아니라고 손을 내젓는다.

"아줌마 아빠가 우리 식구 특별히 싸게 해준거 다 안대요. 그러니 2만원이라도 받아야 다음에 올 수 있다고 꼭 받으래요."

아이가 어른 같은 말투를 쓴다.

"그래, 알았다. 내가 2만원은 받고 너희들한테 세뱃돈으로 이 돈을 주마."

미장원 주인은 아무래도 오늘은 그냥 해주기로 작정을 한 모양이다.

서로의 얼굴을 쳐다보며 환한 얼굴로 미장원을 나서는 네 식구의 머리 위로 큼직한 눈송이가 나풀거린다.

기적을 봅니다

물 한 모금 마실 수 있는 일이 얼마나 감사한 일인지 정말 몰랐다. 끼니마다 밥을 먹는 일이 기적이라는 것을 몰랐다. 그냥 먹으면 되는 것이지 먹을 수 없다는 것에 대해 한 번도 상상해 보지 않았다.

딸이 방사선 치료를 받고 식도에 심한 손상을 입었다. 온몸에 퍼져 있는 종양들을 어디서부터 손을 써서 치료에 들어가야 할지 모를 지경이고 심한 통증으로 너무도 고통 중에 있다. 우선 급한 척추부터 치료에 들어갔다. 5차례의 방사선 치료로 인해 엄청난 후유증이 생긴 것이다.

진통제를 먹기 위해 물을 마시는 일마저 불가능하다. 물 한 모금을 입에 넣고 삼키려다 머리를 쥐어뜯으며 괴로워한다. 어지간한 통증은 내색조차 하지 않는 딸인데 얼마나 통증이 심하면 저리도 힘들어 할까.

그 모습을 보고 있는 어미의 가슴은 예리한 면도날로 후비는 것보다 더하다. 물조차 마시지 못하는데 무슨 음식을 먹일 수 있으랴. 그저 애만 태우며 안절부절못할 뿐이다. 하루 이틀도 아니고 벌써 6주간이나 이렇게 아무것도 먹질 못한다. 뼈만 앙상하게 남아가는 딸을 바라보며 살아날 수 있을까 하는 두려움이 든다.

딸은 금년 1월에 제 남편의 직장 때문에 호주로 이민을 갔었다. 워낙 새로운 환경에 적응하는 걸 싫어하는 성격인지라 이민이 두렵고 싫었지만 그냥 따르기로 하고 떠났다. 딸이 떠날 때는 둘째를 임신 중이어서 더 두려워하는 맘으로 떠났었다.

지난 4월 둘째를 출산할 때만 해도 산모도 아기도 모두 건강했었다. 나는 40여 일을 산후바라지를 해주고 한국으로 돌아왔다. 그런데 내가 오고 난 후에 허리가 아프다는 하소연을 자주 했다. 이제 겨우 두 돌인 첫아이와 둘째 때문에 힘이 들어 그러려니 하고 한국에 와서 조금 쉬어가라고 했다.

그런데 온몸이 엉망이었다. 세상에 이럴 수가. 오, 하나님 어찌 이런 일이…. 악성종양. 이 엄청난 사실을 받아들일 수가 없었다. 서른세 살의 두 아이 엄마에게 이럴 수는 없다.

그날 딸이 며칠 동안의 통증으로 잠을 자지 못하여 응급실로 가기 위해 병원에 가던 날 우리 부부는 몹시 분주하였다. 그때는 추석 연휴인지라 우리가 사역하고 있는 인도네시아 노동자들을 위해 함께 보내고 있었다. 과천대공원을 구경시키고 집으로 저녁초대를 하였기에 나는 음식 준비로 정신이 없었다. 아픈 딸은 안중에도 없고 그저 그들이 어떻게 하면 한국에서 아름다운 추억을 지닐 수 있게 되며 즐겁게 보낼 수 있게 하는가에만 정신이 팔려 있었다.

부모라는 사람이 제 딸은 죽을지 살지도 모르는 병에 걸렸는데 다른 사람들 돌본답시고 혼자서 입원하고 혼자서 밤을 보내도록 내버려 두었으니 참으로 이런 기막힌 일이 어디에 있단 말인가. 제 이모부가 있는 병원이니 잘 알아서 해 주려니 하고 그냥 태평으로 있었던 나 자신이 얼마나 미웠는지 모른다.

며칠 동안의 검사는 악성 종양일 리가 없다는 우리의 바람과는 달리 모든 것을 확실하게 확인해 주는 결과뿐이었다. 두려움이 온몸을 휩싼다. 세상에 태어나서 처음으로 느끼는 두려움. 다리에 힘이 빠져나가고 서 있을 수가 없다. 화장실을 1분 간격으로 들락거린다. 창자는 터졌는지 뱃속에 쓴물이 가득한 느낌이다.

딸과 우리 부부는 냉정하게 현실을 받아들이며 최선을 찾기로 했다. 왜 하필 나에게 이런 시험을 주느냐고 하나님을 원망하고 울부짖어도 시원치 않으련만 딸은 한 번도 소리 내어 우는 일조차 없다. 나는 딸의 아픔을 알고 딸은 나의 아픔을 알기에 서로에게 더 큰 슬픔을 주지 않으려고 서로 속으로만 울고 있는 것이다.

우리는 곧 금식기도와 가정예배로 하나님께 전심을 다해 매달렸다. 그리고 모든 약과 치료도 하나님이 주신 것임을 믿기에 병원치료도 적극적으로 하기로 했다. 할 수 있는 방법은 다해 보기로 했다. 다행히 조금씩 치료가 되어가고 있다. 통증도 조금씩 나아간다. 허지만 그 길이 너무 멀고 힘이 든다.

나는 날마다 회개한다. 다른 사람들의 아픔에 내가 얼마나 아파했던가를 말이다. 심지어는 엄마의 아픔에마저 냉정하던 나의 모습을 보았다. 자식 둘을 먼저 보내야 했던 엄마는 밤마다 몸이 상하는 것을 아랑곳하지 않고 술까지 마시면서 몸부림치며 울부짖고 괴로워했다. 그때 나는 엄마에게 얼마나 모진 소리를 했는지 모른다. 다른 자식들은 안중에도 없느냐고, 그리고 이성을 찾으시라고. 참 야박하고 몹쓸 딸이었다.

그런데 이런 상황이 되고 보니 평소에 느끼지 못했던 많은 것들이 다 나의 아픔으로 다가온다. 신문이나 방송에 나오는 다른 사람들의 일까지 절절한 아픔으로 다가와서 그들을 위해 기도하지 않으면 견딜 수가 없다. 그리고 내가 감사할 일이 얼마나 많은지도 이제야 알게 되었다. 그동안 당연하게 받아들였던 모든 일들이 알고 보니 기적이다. 숨을 쉬는 것, 하루를 건강하게 살아가고 잠자리에 드는 것, 그리고 무엇이든 먹을 수 있는 것, 바로 현재의 모든 상황들이 다 기적이다.

반복되는 항암 약물 치료로 고통은 끝이 없어 보인다. 그러나 모든 것을 하나님께 맡기고 순종하기로 작정하니 이제는 딸과 우리 가족들의 마음이 그렇게 두렵지도 않고 낙심하지도 않는다. 언제나 함께하시는 나의 좋으신 하나님께서 먼저 앞서 가시면서 아파하시고 가장 아름다운 결과를 주실 줄을 믿기에 이 길고 험한 길을 찬송하며 가려고 한다. 모든 것이 하나님의 영광이 될 줄을 믿는다.

통곡의 벽

-『나의 가장 나종 지니인 것』

어쩌자고 그런 연극을 보자고 하는 거지. 설마 내용이 무엇인지 모르고 보자고 했을 리는 없는데. 나는 그 연극을 보러 가자는 친구의 전화를 받고나서 무척이나 망설였다. 아무런 내색 없이 담담하게 그 연극을 볼 자신이 없었다. 친구는 별 생각 없이 요즘 공연 중인 작품 중에서 가장 호평을 받고 있는 연극을 택했을 뿐일 것이다.

손숙은 정말 명배우답게 소설의 토씨 하나도 빼뜨리지 않고 아들을 먼저 보내고 가슴을 쥐어뜯는 어미의 모습을 리얼하게 열연하였다. 전화를 해도 언제나 숨소리조차 내지 않고 가만히 듣기만하는 절벽과 같은 형님을 향해 혼자 독백을 하듯 절절히 토해낸다.

그녀는 아무도 없는 빈집에 초인종을 누르고 들어선다.

"창환아, 창환아."

집안 구석구석을 돌아다니며 아들을 부른다. 죽은 지 6년이나 지났건만 그 아들을 놓아 주지 못하고 어미는 아들을 부른다. 그리고는 액자 속의 아들을 보고 혼자 중얼 거린다.

나도 외출에서 돌아오면 집안에 아무도 없다는 것을 알고 있으면서도 초인종을 누르고 잠시 있다 문을 열고 "다녀왔습니다." 큰소리로 말하며 들어선다. 그리고 방마다 문을 열면서 누군가를 찾는다. 요즘에 새로 생긴 나의 버릇이다. 가방을 놓고 옷을 갈아입으면서 화장대에 숨겨져 있는 딸을 보고 말을 건다.

'엄마 갔다 왔다.'

먼저 간 게 무슨 죄라고 사진은 늘 화장품으로 가려져 있다.

내가 제일 싫어하는 것이 혼잣말이다. 어머님과 함께 살면서 어머님은 내게 하고 싶은 이야기나 불만이 있으면 직접 말씀하시기보다는 혼잣말을 잘하셨다. 그 혼잣말은 잘 귀담아 들어두지 않으면 안 되었다. 그 속에 진짜 속마음이 항상 숨어 있기 때문이다. 그런데 나는 요즘 혼잣말하는 버릇까지 생겼다.

'글쎄 영빈이가 날마다 학교 갈 때면 운다는구나. 제 할머니

치마를 붙들고 학교에 가지 않으면 안 되느냐고 엉엉 운단다. 왜 안 그러겠니? 얼마나 조잘조잘 말 잘하는 아이니? 그런 아이가 별안간 한마디도 알아듣지 못하는 영어 때문에 얼마나 힘들겠니? 어떡하면 좋다니?'

'며칠 전에 지후가 놀이터에서 다쳤다는구나. 이중 턱이 되고 온몸에 멍이 들었대. 제 아빠가 옆에 있었다는 데도 그리 됐단다. 애가 그렇게 다쳤는데도 네 남편은 아무렇지도 않은 척 데리고 들어오더래. 할머니가 깜짝 놀라 응급실에 다녀오고 한바탕 소동을 했다는구나. 암만 잘 하는 것 같아도 남자들이란 그렇게 빈 데가 있다니까.'

'얘, 어쩜 좋니? 전화 하는 것도 눈치가 보여 잘 못 한단다. 그곳 생활에 적응하기가 너무 힘든 모양이야. 영빈이가 한국에 가자고 조르는 바람에 힘이 드는데 속없는 외할머니 날마다 전화해서 아이들이 한국 생각 더 나게 할까봐 전화를 좀 자제해 주었으면 하는 거 같아. 암만 보고 싶고 못 견디게 그리워도 어른인 내가 참아 내야지 어쩌겠니?'

'오늘은 애들이 바다에 갔다 왔다는구나. 춥지 않았느냐고 했더니 호주 날씨가 요즘 따뜻해서 반팔 입고 다녔대. 전화를 하다말고 "지금 간식 먹으러 내려 갈 거니 할머니 전화 이따 해." 하더니 감감무소식이구나. 난 행여나 하고 오후 내내 기다렸지

뭐니.'

나는 딸이 죽은 지 3년이 지났건만 한 번도 울어보지 못했다. 울 수가 없었다. 집안에는 언제나 나보다 더 마음 아파하는 어머님이 계셨고, 어린 두 아들을 앞에 두고 슬픔에 젖어 있는 사위를 생각하면 나의 울음 같은 것은 사치였다. 어떻게 하면 사위의 마음이 좀 나아질까가 나의 소망이었고, 엄마가 보고 싶다고 밤마다 우는 아이를 위로하며 밝게 키우는 일만을 생각하기에도 나의 모든 것은 부족했다.

얼마 전 사위와 아이들이 호주로 떠났다. 3년 전 딸이 아파 갑자기 한국으로 왔는데 다시 호주로 돌아 간 것이다. 엄마 없는 아이를 키우려면 아무래도 한국보다는 호주가 나을 거 같아서 아이들을 위해 간다는 사위를 막아 볼 방법이 없는 나는 그냥 아무 소리 못하고 아이들과 이별을 하게 되었다.

아이들이 떠나자 마치 기다리고 있었던 것처럼 슬픔이 복받쳐 올라왔다. 어머님 병환이 위중하신데 내가 쓰러지기까지 하여 잠시 시누이 댁에 모셔가게 되었다. 시누이는 고생한 나를 위해 어머님은 자기가 모셔 갈 테니 당분간 아무 걱정 말고 오빠와 두 분이서 어디 여행이라고 다녀오라고 좋은 말로 일렀다. 그런데 그 말끝에 나는 "편히 놀러 다니라고요?" 하며 악을 써댔다.

사고로 하반신을 못 쓰고 치매까지 걸린 아들을 이리저리 공깃돌 굴리듯 굴려가며 돌보고 있는 친구 앞에서 대성통곡, 방성대곡보다 더 큰 울음을 우는 소설 속 그녀처럼 데굴데굴 구르며 울었다. 마치 누구든지 날 조금만 건드리기만 하면 이렇게 울겠다고 벼르고 있기라도 한 사람인 양.

예기치 못한 나의 모습을 보고 시누이들은 황당해하고 도저히 이해할 수 없어 했다. 아무리 나의 아픔과 고난을 잘 알고 있는 형제라 할지라도 본인이 당해보지 않고는 상대방의 고통을 다 이해 할 수는 없는 것이다. 나 역시 왜 그런 행동을 했는지가 이해되지 않는데 다른 사람들이 어떻게 이해할 수가 있겠는가.

시간이 흐르면 슬픔이 옅어질 줄 알았는데 속에 눌려 있던 슬픔은 틈만 나면 삐어져 나오려고 한다. 아이들이 이곳에 있을 때는 딸이 떠난 줄을 잠시잠깐씩 잊고 지냈는데 이제 아이들마저 떠나고 보니 내 딸이 정말 없다는 게 실감이 난다. 딸 하나가 없어진 불 알았는데 네 식구가 한꺼번에 없어졌다. 아이의 목소리라도 듣고 싶어 수화기를 들었다 놨다 하루에 몇 번씩 나는 어린애 같은 할미가 되어있다.

여유당

우수 경칩이 지났건만 때늦은 진눈깨비가 펄펄 내린다. 처음에는 내리는 즉시 땅에 닿자마자 녹아 없어지더니 하늘이 어두워지며 눈발이 굵어지자 나무도 길도 하얗게 덮이고 만다.

며칠 전부터 벼르던 팔당댐 가까이에 있는 다산의 생가를 찾는 일을 눈이 온다고 그만두고 싶진 않았다. 조안면 능내리에 있는 다산의 생가에도 하얀 눈이 덮이어 고즈넉한 분위기를 만들고 있었다.

그런데 이곳은 몇 년 사이에 몰라볼 만큼 변해 있었다. 다소 거창하게 느껴지는 기념관과 여유당이 복원되었고, 다산의 글들이 새겨진 기둥들이 도열해 있다. 이곳을 유적지로 관광화시켜 몇 년 전에 맛보았던 조용한 분위기와는 너무 거리가 멀어

어리둥절하게 만들었다.

그가 남긴 업적을 생각하면 이런 기념관을 만들고 유물을 전시하는 것이 마땅하겠지만 소박하고 검소한 다산을 생각하면 이런 모습들이 왠지 낯설다. 물론 꽉 닫힌 대문 사이로 이끼 낀 담장이나 마당에 잡초만을 바라보다 선생의 체취 한 줌 얻어 오던 지난날도 아쉬운 마음으로 돌아온 것은 마찬가지였지만 지금의 모습이 내게는 무척 생경하게 느껴진다.

나는 다산의 생가를 찾을 때면 '與猶堂(여유당)'이라 쓴 힘찬 현판을 바라보며 참으로 삶의 아이러니를 느끼곤 한다. 다산은 자신의 운명을 미리 내다보고 그런 당호를 지었을까. 겨울에 시냇물을 건너는 것처럼(與) 매사에 조심조심 살아가라는 뜻을 지닌 글귀를 어찌 택하였을까. 또한 사방에서 나를 엿보는 것을 두려워하듯 경계하라(猶)는 노자의 말을 항상 머리에 담고 살았거늘 그는 18년이라는 긴 세월을 유배생활 하였으니 사람의 운명이란 조심한다고 또는 경계한다고 다 이겨낼 수 있는 것이 아닌가 보다.

다산이 유배지에 있을 때 어린 딸이 보고 싶어 지어 보낸 시가 새겨진 탑이 있다.

> 어린 딸이 보고 지고
> 어린 딸애 단옷날이면 옥 같은 흰 살결 씻고 새 단장했지……

먼 유배지에서 어린 딸을 기리는 아버지의 자애롭고 사랑이 넘치는 따스함이 가득한 시다.

다산의 천재성과 그의 고매한 인품을 높이 산 정조는 그를 등용시키고자 무척 애를 썼다. 그러나 끝내 그를 끌어내지 못하였음은 우리 역사에도 얼마나 불행한 일이었는가를 그의 사상을 대할 때면 더욱 절절해진다.

허나 어찌 유배생활이 꼭 허송세월이었다고만 말할 수 있겠는가. 다산은 강진에서 10년의 유배생활 중 정치, 경제, 지리, 철학, 과학, 문학 등 그야말로 다방면에 놀라울 만큼 해박한 지식으로 5백여 권의 저서를 남기었다. 그분의 견문과 지식의 보고인 이 저서들이야말로 역사에 길이 남을 귀한 보물이다.

내가 강진의 다산초당을 처음 찾아 그분의 업적을 좇을 때 이해할 수 없는 것이 있었다. '이 외진 산골에서 아무런 자료도 없이 어떻게 그렇게 다방면의 해박한 저술을 5백여 권이나 집필할 수 있는가'였다.

그러나 다산의 가계를 더듬다 보니 모든 의문은 풀렸다. 그는 바로 해남 윤두서의 증손자였다. 윤두서는 그의 증조부인 윤선도에 비하면 덜 알려진 인물이지만 평생 벼슬을 하지 않고 해남에서 유학, 경제, 지리, 의학, 음악 등에 깊은 관심을 갖고 연구하여 실용적인 학문의 초석을 쌓은 조선 후기의 큰 학자이다. 그러니까 다산은 윤선도의 6대손인 것이다.

그런 집안의 배경이 있었기에 정약용은 유배생활 가운데에서도 해남의 외가에서 증조부가 남긴 많은 서책들을 가져다가 주야로 읽고 연구하여 그렇게 훌륭한 저서들을 남기게 된 것임을 알게 되었다.

그의 저서 중 유명한 『목민심서』는 목민관이 지켜야할 준칙을 세세히 일러 준 책이다. 그런데 이 책을 베트남의 지도자 호치민이 평생을 끼고 읽었다 하여 나를 놀랍게 했다. 호치민은 사후에 더욱 존경 받고 있는 세계에서 몇 안 되는 지도자인데 나라의 독립을 위해 프랑스와 미국과 싸워 통일 베트남을 이루어 놓은 공도 크지만 그의 생활철학이 너무도 검소하였기 때문이다.

그는 생전에 고향을 밝히지 않았다고 한다. 동향임을 내세워 청탁하는 일을 미리 막기 위함이었다. 이는 학연이니 지연이니 동향이니 하며 줄을 대고 있는 우리의 정치인들이 새겨 보아야 할 일이다.

죽은 후엔 무덤조차 만들지 말라고 당부하였다는 그는 평소에 입던 무명옷차림으로 유리관에 누워있다. 숱한 전쟁터에서도 손에서 놓지 않았다는 『목민심서』를 통하여 백성을 다스리는 마음을 배웠고 검소함과 꿋꿋함을 배운 것이다. 그가 가장 존경하는 인물도 당연히 다산이었다. 그래서 그는 다산의 기일에 제사까지 드렸다 한다.

생가를 끼고 돌아서면 다산의 묘소가 나온다. 호치민이 지금까지 살아 있었더라면 당연히 이곳 다산의 생가를 찾아와 그의 묘소에 참배하였으리라.

살아생전에 초막에서 10년을 귀양살이 하던 다산이 이렇게 거창하게 지어진 자신의 기념관을 바라보며 무어라 할까. 더구나 근자에 강진에 있는 초당마저 기와로 변해 있다던데 이래저래 다산의 심사를 어지럽히는 일은 아닌지 모르겠다.

그의 주옥같은 많은 저서들이 모두 간결한 초당 속이었기에 배출된 것이 아니었나. 오직 들리는 것은 대숲에 이는 바람과 동백을 찾는 동박새들과 뒤뜰의 맑은 샘물 한줄기였기에 맑은 마음 가다듬고 학문에 전념하였거늘.

다산의 생가를 돌아 나오면 팔당과 이어지는 강물을 만난다. 강물은 예나 지금이나 말없이 묵묵히 흐르고 있다. 그 말없는 강물에는 다산의 사색에 잠기는 모습이 어리어 있는 듯하다.

아무것도 아닌 일에

"이게 무슨 짓인고."

별안간 전철 안이 소란스럽다.

"다리가 아파 죽겠는데 좀 앉아 갑시다."

"아니 그렇다고 어디다 엉덩이를 디밀긴 디밀어."

60대의 할머니가 경로석 앞에 서 있다가 자리가 나자마자 잽싸게 앉으려다 말고 바로 그 앞에서 진작부터 누군가 일어서기를 목이 빠져라 내려다보고 있던 어느 할아버지와 자리 쟁탈전이 벌어진 것이다.

할아버지에게 자리를 빼앗긴 할머니는 "이런 인정머리 없는 늙은이가 있나." 삿대질까지 하며 소리를 질러댄다.

"나도 장애인이야, 그리고 내 나이가 당신보다 10살은 더 많을 텐데 어디다 대고 삿대질이야, 삿대질이…."

옆에 앉아 있던 사람들이 할머니에게 너무 한다고 야단을 치자 조용해졌다.

그때였다. 건너편에 앉아 있던 한 노인이 일어서며 조금 전에 싸우던 할머니를 불러 앉으라고 한다.

"내 나이 여든여덟이외다. 그러나 아직 다리 걱정은 없으니 여기 앉아 가시오. 오죽이나 불편하면 그리 했겠수."

그러자 조금 전까지 죽는 시늉을 하며 땅바닥에 주저앉던 할머니가 "아니요 어르신이 앉으셔야죠. 괜찮습니다." 하고 손을 내젓는다.

"아 이 나이에도 서서 갈 수 있으니 얼마나 감사한 일이요. 정말 괜찮으니 앉아 가시오."

할머니는 정말 쑥스럽고 송구하다는 표정으로 자리에 앉는다.

"에휴, 추석이라고 어제 종일 꼼지락 거렸더니 가뜩이나 시원찮은 허리 다리가 덧나서요. 죄송합니다."

전철 안은 어느덧 따뜻한 기운으로 가득 찼다. 오늘은 즐거운 한가위다.

허난성의 셰옌신

얼마 전 베트남에서 한국으로 시집 온 19세의 어린 처녀 후안마이가 갈비뼈가 18개나 부러진 채 주검이 되어 발견 되었다. 그녀는 두 달 전 46세나 되는 남자에게 베트남에서 맞선을 보고 시집 온 사람이다.

어린 그녀는 두려움 가운데 남편의 따뜻한 사랑만을 기대하며 이 땅에 왔건만 신부를 돈으로 사왔다고 생각하며 예사로 폭행을 일삼던 무지한 남편을 만나 그런 억울한 죽음을 당한 것이다.

우리 교회에는 인도네시아 여자와 결혼한 가정이 두 가정 있다. 두 가정 다 인도네시아의 처가에 참 잘한다. L은 지난해에 처가가 빚이 많고 힘들다는 것을 알고 자신이 사는 아파트 전세금을 몽땅 가지고 가서 빚을 갚아 주고 처제에게 장사를 할 수 있게 만들어 주고 자신은 빈손으로 돌아왔다.

L은 지금 몇 개월 후면 철거를 해야 하는 재건축아파트에 임시 거주중이지만 조금도 후회하거나 아까워하지 않고 몸도 건강하고 다시 직장도 잡았으니 아무 걱정이 없다면서 셋째를 임신 중인 자기 아내를 사랑스럽게 안아주고 있다.

J 역시 인도네시아에서 모은 돈으로 장인에게 배를 하나 사주어 생계를 꾸리게 만들어 주고 자신은 무일푼으로 한국에 와서 지금 충주의 어느 회사에서 일하는데 집도 없이 사택에서 살고 있다. 그렇지만 아내를 위해 의정부까지 매주 예배를 드리러 오고 아내가 좋아하는 인도네시아 식품을 한 아름 사서 안고 간다.

지난해 중국을 감동시킨 10인 가운데는 허난성 화현에 사는 광부 셰옌신이 있다. 그는 가난한 한 광부에 불과하다. 그런 그가 10억의 인구를 감동시킨 10인에 뽑힌 것은 결혼 1년 만에 부인이 딸을 낳고 숨지자 33년 동안이나 장인, 장모, 그리고 지체장애인 처제까지 보살펴 왔다는 것이다.

다시 재혼할 것을 수없이 당부한 처갓집 가족들의 권유를 뿌리치고 자신의 성인 류씨를 버리고 처가의 성인 셰씨로 바꾸기까지 했다. 이런 지고의 사랑을 가진 남자만 있다면 죽어도 얼마나 행복할까.

하모니카 할머니

'내 고향 남쪽 바다 그 파란 물이 눈에 어리네….'

멋진 하모니카 소리가 전철 안에 울려 퍼진다. 하모니카를 연주하는 사람은 보나마나 그 할머니다. 등에는 너덜너덜 해진 붉은 가방을 바랑처럼 짊어지고 한손엔 지팡이와 파란 바구니를 들고 다니며 구걸하는 80고개의 할머니. 헐렁한 몸빼하며 넝마 같은 차림새가 걸인답게 정말 누추하고 초라하기 짝이 없다. 그런데 그 할머니의 한손엔 언제나 하모니카가 들려있다.

'오, 수재너' '로렐라이' '내 고향 남쪽바다' 등의 가곡을 번갈아 가며 연주하는데 한두 소절이 끝날 때마다 멋지게 에드립까지 넣어가며 아주 흥겹게 연주하는 솜씨가 예사가 아니다. 하모니카의 연주 솜씨도 대단하지만 선곡 또한 걸인 노인의 형색과는 전혀 어울리지 않는 명곡들이다.

'내 고향 남쪽 바다 그 파란 물
이 눈에 어리네…'
엇진 하모니카 소리가 전철 안에
울려 퍼진다. 하모니카를 연주하는
사람은 보나마나 그 할머니다.
-하모니카 할머니

이 노인이 나타나면 나는 늘 궁금증이 인다. 이 노인은 어떤 사람일까. 젊어 한때 음악선생이었을까. 아니면 음악을 좋아하던 엘리트 여성이었을까. 신식교육을 받은 건 분명해 보이는데 어쩌다 이런 신세가 되었을까.

아직은 혼자 몸은 간수할 만큼의 건강도 지니고 있어 보이는데 이렇게 구걸을 해야만 하는 어떤 사정이 있을까. 혹시 자식들이 없어서 이리 되었을까. 아니면 병이 깊은 영감님이 있어 저리 나선 것일까. 아니면 자식이?…. 혼자서 이리저리 상상을 해보지만 알 수 없다.

천 원짜리 한 장을 그 노인의 바구니에 담으며 무슨 사정인지를 묻고 싶어 잠시 머뭇거린다. 그때 고마움을 표시하는 가벼운 눈인사를 하며 지나가는 노인의 눈과 마주친다. 알 수 없는 힘이 있는 눈빛이다. 순간 나는 내 생각을 접는다. 내놓고 밝히고 싶지 않은 노인의 자존심을 건드리는 일일지 모른다는 생각으로 호기심을 누른다.

노인은 한 점 흐트러짐도 없이 여전히 하모니카를 신나게 연주하며 지나간다.

아가는

12시에 분유 120cc를 먹은 아가가 잠이 들지 않고 보채고 있다. 아가를 가슴에 꼭 안고 한참을 토닥토닥 해주니 스르르 잠이 든다. 살그머니 침대에 누인다. 그러나 눕기가 바쁘게 아가는 얼굴을 찌푸리더니 '으- 왕' 하고 운다.

다시 안아 준다. 흔들흔들 한참을 흔들어도 아가는 발길질까지 하며 더 큰소리로 울어댄다.

옆방에 자는 식구들 다 깨우겠다. 아가를 안고 벌떡 일어서 방안을 서성대자 아가는 스르르 눈을 감더니 입을 크게 벌리고 아주 만족한 얼굴이다.

"한 달도 안 된 네가 설마 일어서고 앉는 걸 알 리야 있겠니?"

살그머니 앉아서 안아준다. 그런데 웬걸 아가는 금방 울어댄다.

"그래, 그래 알았다."

나는 냉큼 일어서서 서성거리며 자장가를 흥얼거려 준다. 언제 울었느냐는 듯 쌔근쌔근 숨소리가 크다. 살금살금 아가를 누인다. 고개를 한쪽으로 돌려놓고 가슴을 살며시 손으로 눌러 준다. 심장이 유난히도 팔딱팔딱 뛴다. 아가의 심장 박동은 어른보다 더 힘차고 빠른가 보다.

자리에 누워 허리를 펴기가 무섭게 아가가 별안간 자지러지게 운다. 두 손을 파르르 떨고 다리까지 흔들며 우는 것이 무엇에 놀란 듯하다. 졸음에 눈을 제대로 뜨지 못하던 나는 화들짝 놀라 아가를 얼른 안는다. 이번엔 진정 시키는데 한 시간도 더 걸렸다.

어찌어찌 다시 잠이 들자 정말 조심조심 침대에 누인다. 아가는 두 팔을 활짝 펴고 기지개를 켠다. 고개를 이리저리 흔들며 울듯 말듯 한다. 다시 배시시 웃는다. 두 팔과 두 다리에 힘을 잔뜩 주며 흔든다. 무슨 슬픈 꿈을 꾼 걸까. 아가는 흐느끼더니 다시 함빡 웃는다.

시계를 보니 새벽 3시다. 잠을 자긴 틀렸다. 가뜩이나 시원찮은 내 손목과 팔이 쑤시고 아프다.

'아가야, 제발 잠 좀 자 주라.'

아가에게 통사정을 한다. 할미의 사정을 알았을까. 아가는 코를 벌렁거려가며 쌕쌕 자고 있다. 이젠 진짜 잠이 들었나 보다. 밤을 꼬빡 새었는데 잠든 아가를 들여다보고 있는 나의 입가엔 행복한 웃음만 가득하다.

3.

광야의 그 며칠

그곳에서

참으로 알 수 없는 감동, 온몸 깊은 곳으로부터 밀려오는 전율. 이건 분명 특별한 것이었다. 사방을 둘러봐도 보이는 것은 온통 크고 작은 바위뿐인 이곳. 이집트 카이로를 출발하여 이곳을 향하여 오는 10시간 내내 차창 밖을 내다보는 나는 입만 벌리고 앉아 있었다. 아무런 생각조차 할 수 없었다.

이곳에 오면서 나는 너무도 사전 지식이 없었다. 광야란 너른 벌판이라는 생각뿐이었다. 너른 벌판엔 흙과 돌멩이가 있고 가끔 풀과 나무와 물이 흐르는 곳도 만날 수 있는 그런 곳을 생각했었다. 그런데 전혀 아니다. 홍해를 건너 시나이 반도에 들어서니 정말 풀 한 포기 나무 한 그루 없는 돌멩이만 뒹구는 그런 곳이었다.

거기에다 핸드폰엔 '이집트 시나이 반도 내륙 및 아카바만 연안은 여행제한지역이니 여행을 자제해 주시기 바랍니다. 대한민국 외교부'라는 문자가 들어온다. 세상에! 내가 이곳에 와 있는 것을 보고도 하지 않았는데 이 핸드폰 똑똑하기도 하지.

하긴 이곳은 아무나 지나는 곳이 아니다. 사전에 허락을 받은 차량만이 지날 수 있고 시나이 반도로 들어서는 순간부터 이집트 무장 군인이 우리 차를 인도 해 주어야만 지날 수 있다. 수시로 베두인족들이 나타나 납치를 할 수도 있는 곳이다. 시내산을 향해 가는 길이 중간에 지름길이 있지만 베두인족의 마을을 지나야 하기 때문에 홍해 연안을 끼고 돌아가는 길을 택했다. 도로는 포장이 잘 되어 있지만 지나는 차량은 거의 없다. 두어 시간 달리던 차가 중간에 멈추고 가질 않는다. 왜 가지 않느냐고 물으니 처음엔 모른다는 가이드의 말이다. 1시간 이상을 멈추자 다시 물으니 그때에야 현지 가이드 말이 현금 수송차량이 오는 데 그 차가 오면 함께 떠나야 되어서 기다리는 중이란다. 이곳에선 모든 게 '인샬라'라는 한마디로 끝난다. 기다리는 것도 신의 뜻이란다.

홍해는 여러 곳이 유전이다. 그저 파이프만 꽂으면 기름이 펑펑 나오는 곳이다. 그런데 주유소에 기름이 없다. 주유소의 기름을 베두인족들이 모두 사재기를 하는 통에 기름을 넣으려면 주유차가 들어 올 때까지 기다려야 한단다. 주유소에서 다시 한 시간을 기다려 간신히 주유를 하고 시내산을 향해 갔다.

이스라엘 백성들이 출애굽을 할 때 시나이 광야에서만 두 달을 머물렀다. 며칠이면 갈 수 있는 곳을 200만의 백성을 데리고 두 달이 걸렸다. 풀도 나무도 없는 이 황량하기 그지없는 광야에서 단 며칠도 견딜 수 없는 돌무더기 속에서 두 달을 견디며 걸었다. 날마다 낮에는 구름기둥으로 밤에는 불기둥으로 그들을 보호하고 만나와 메추라기로 그들을 먹였다고 했다. 그리 했을지라도 너무한 길이었다.

시내산. 이 산이 어떤 산인가. 모세가 하나님을 대면하고 하나님으로부터 친히 십계명이 쓰인 돌판을 받은 거룩한 산이 아닌가. 사람으로서 하나님을 대면한 자가 있었던가. 이 산에 당도한 것만으로도 벌써 하나님을 대면 한 듯 온몸이 떨린다. 모세가 하나님을 만나 40일 동안 머물렀던 산꼭대기.

시내산은 온통 바위뿐이다. 그 웅장한 바위 위로 아침 햇살이 쏟아진다. 바위들이 붉은 광채로 바뀐다. 용광로에서 금방 쏟아 부은 쇳물인 양 황금색과 주황빛과 붉은빛이 함께 어우러진 바위들이 가득 펼쳐진다. 바위마다 다른 이 찬란한 빛. 가슴이 막히고 정신이 혼미해진다. 성스러운 바위에 입맞춤을 한다. 감히 하나님의 산에 올라 하나님의 음성을 듣는다.

'하나님 어찌 이리도 사랑하십니까. 아, 하나님….'

15년 동안 시내산만을 그려오고 있는 화가가 있다. 중학교 때 은사님이셨던 김기정 화백이시다. 그분은 시내산을 다녀 온 이후 40여 년 동안 그려오던 작품기법인 인상파 풍의 사계절과 산 그림을 모두 내려놓고 새로운 기법으로 시내산만을 그리고 있다. 그로 인해 이번에 한국 기독교 미술상을 수상하였다.

몇 해 전 은사님의 화실에 들렀을 때 화실은 온통 시내산으로 가득 차 있었다. 크고 작은 캔버스마다 여러 가지 재료로 표현된 시내산이 가득하였다. 은사님은 시내산에 올랐을 때의 감동을 상기된 표정으로 이야기 했다. 온몸이 마치 감전된 듯한 전율 속에서 하나님의 은혜가 가득 쏟아지던 그 시각의 감격을 어찌 말로 할 수 있겠느냐고 했다. 금빛 찬란한 햇살 속에서 들려오던 하나님의 음성에 지금까지의 모든 걸 한 순간에 다 버릴 수 있었노라고 했다.

보통 풍경화라면 아름다운 경치나 사계절의 풍부한 색감을 드러내는 것이 일반적인 표현이다. 그러나 풀 한 포기, 나무 한 그루 없이 오직 바위만이 있는 시내산을 모래나 톱밥, 혹은 흙 등의 혼합재료를 섞어 중후한 질감과 회갈색의 색조감을 두드러지게 한다든지 바위에 비치는 태양의 찬연함을 표현한 그림들이었다. 그러나 이 그림 속에는 무엇보다도 작가가 만난 하나님을 표현하려 애썼기에 대담하고 굵은 선이 주를 이루었다.

그때는 몰랐다. 이 시내산이 그렇게나 한 사람의 화풍을 완전히 바꿀 만큼 감동을 준 것을.

나는 지금 시내산에서 지치고 넘어진 이스라엘 백성을 위해 눈물 흘리고 계시는 하나님을 만나고 있다. 아니 언제나 광야 같은 세상에 나 혼자 버려두었다고 원망하는 나를 위해 울고 계시는 하나님의 눈물을 보고 있다. 평생을 하나님 안에서 살며 하나님을 가장 사랑한다고 생각 해 왔던 나의 위선적인 모습을 펼쳐 보이고 있다. 그 하나님으로 인해 긴 울음을 울며 아직도 내려놓지 못하는 많은 것들을 부끄러운 마음으로 내려놓으며 새롭게 그분의 음성을 듣고 있는 중이다.

그렇다. 내 안에는 아직도 금송아지 우상이 있다. 내 안에 남아있는 불평과 불만으로 그분의 눈물을 외면했다. 그분의 사랑을 모른 척했다. 그분이 정말 나를 사랑한다면 이렇게 힘든 일을 겪게 할 리가 없다고 가끔 원망도 했었다. 노화백의 손끝에서 다시 살아난 시내산처럼 오늘 나는 하나님의 산에서 나를 위해 흘리신 그분의 눈물을 바라보며 주체 할 수 없는 감동으로 엎드려 있다. 새롭게 거듭나길 원하면서….

그 녀

천사라 불리는 그녀는 자그마한 키에 예쁘다고 할 수 없는 평범한 여자였다. 생전의 그녀는 남의 집 전세살이에서 벗어나지 못했다. 늘 돈에 쪼들렸고 가난했다.

그녀는 공부를 많이 한 것도 아니었다. 남들보다 무엇을 더 알거나 똑똑한 게 아무것도 없었다. 남편이 하는 가게일 때문에 작은 발을 가지고 언제나 동동거리며 다녔다. 그렇기 때문에 어느 누구에게 특별히 잘 해 줄 여유도 없었다.

그런데도 사람들은 그녀를 천사라고 불렀다. 암만 힘들어도 힘든 내색 하지 않고 생글거리는 그녀의 얼굴이 천사 같았기 때문이다. 어느 누가 뭐라고 해도 그저 고개를 숙이고 조용히 듣고 있는 모습이 천사 같았기 때문이다. 아무리 어려워도 "괜찮아요."

한마디로 다 껴안는 그녀의 모습이 천사 같았기 때문이다.

그런 그녀가 위암 말기라고 했을 때 불쌍한 그녀를 위해 여러 사람이 금식기도를 자청하며 그녀의 생명이 연장되길 간절히 기도했다.

투병하는 기간에도 그녀는 천사의 모습을 그대로 지니고 있었다. 암 말기의 통증이 얼마나 지독한가. 가장 단위가 높은 진통제를 투여하지 않는가. 그런데도 그녀의 얼굴은 늘 평화롭고 생긋 웃기까지 했다. 병문안을 가는 우리에게 오히려 왜 우느냐고 하면서 금방 나을 테니 염려 말라고 위로해 주었다.

물 한 모금 입에 넣지 못하고 배에는 복수가 가득하여 이제 정말 며칠 살지 못할 것 같은 모습인데도 행여 남편이나 자식들이 불편할까 봐 신음을 참아 가며 집에 가서 편히 잠자라고 떠미는 미련스런 그녀였다.

그런 그녀가 죽었다. 하필이면 비가 억수로 쏟아지는 날에. 그런데 그 비를 맞아가며 너도 나도 장지까지 가겠다고 서로 먼저 차에 오른다. 준비한 차편이 모자라 하는 수 없이 차에 오른 사람을 내리게 하고 백여 명만 가게 되었다. 참 드문 일이다.

쉰세 살의 나이로 떠난 그녀, 비록 짧게 살다간 그녀지만 잘 살다 갔다고 말하고 싶었다. 그녀를 보내면서 우리 모두는 많은 생각에 잠겨 아무 말도 하지 못했다.

별빛도 없는 밤에

평상 위에 가득 떨어진 노각나무 꽃송이들을 모아 놓고 특급 호텔의 객실인 양 호사를 한다. 벌렁 드러누워 하늘을 쳐다본다. 숲속 커다란 나무 아래서 보는 하늘은 온통 나무들뿐이다. 바람이 나무 우듬지를 세차게 흔든다. 그때마다 나무들은 춤을 춘다.

이리저리 상체만 흔들며 막춤을 추는 아낙처럼 마구 흔들어댄다. 나무와 나무끼리 서로 몸을 부딪치면서 내지르는 '우우우우-' 소리와 골짜기에 흐르는 물소리로 밤의 산이 제법 소란스럽다. 별빛도 달빛도 없는 어둠 속에서도 나무들의 춤사위는 계속된다.

밤이 흔들리면 어쩌나 염려라도 하듯 가만가만 서로 돌아가며 노래를 부른다. 시를 읊기도 하고 자신의 작품을 낭독하기도 한다. 엊그제 등단했다는 새내기도 당돌하게 자신의 작품을 낭독한다. 등단 수십 년이 된 대선배들 앞이건만 어둠이 용기를 내게 했나보다. 귀엽고 사랑스럽다.

올해 수필의 날 행사가 경주에서 열렸다. 서울을 비롯한 중부지방은 여러 날 째 장마로 물난리가 날 정도인데 반 토막 장마라는 말마따나 남부지방은 폭염 중이었다. 전국 각지에서 모여든 수필인들이 함께 모여 올해의 수필인상 시상식과 세미나를 하고 만찬 후 불국사와 안압지를 관광한 후 숙소인 이곳 운문산 휴양림에 오른 것이다.

운문산 자연휴양림. 이곳은 남쪽 지방의 알프스라 불린다. 주변엔 문복산과 가지산 등 해발 1천미터가 넘는 산이 병풍처럼 둘러 쳐진 곳이다. 수십 종의 활엽수가 가득하여 봄, 여름, 가을, 겨울 어느 계절이든 아름다운 곳으로 유명하다. 이곳에서 4백 명 가까운 수필인들이 하룻밤 머물게 되었다. 산이 높고 골이 깊은 이곳은 태고의 맑고 깨끗한 순수의 모습으로 우리를 맞아 주었다.

오랜만에 만난 부산에서 온 회원들과 한자리에서 즐기다가 헤어지기가 섭섭해서 숲속으로 들어왔다. 올해 수필인상은 부산의 이 선생님이 수상하시게 되어 특별히 부산 회원들이 버스를 따로 한 대를 대절하여 많은 사람이 참석하였다. 부산 회원들 가운데는 지면을 통하여 잘 알고 지내는 분들도 많고 또 행사 때마다 친근하였던 몇 분의 교수님들이 있어서 한 식구 같은 느낌이다.

이 선생님이 수필문학추천작가회에서 회장을 지내실 때 내가 감사를 맡아 함께 일한 적이 있어 다른 회원들보다 자별한 사이다. 이 선생님은 구순이나 되신 높은 연세에도 불구하고 부산에서 서울까지 무슨 행사든 빠지는 일이 없이 오르내리시는 분이다. 또한 한 해도 거르지 않고 책을 출간할 정도로 문학 활동도 열정을 다한 분이어서 늘 존경하던 어른이다. 그런 어른이 올해 큰 상을 수상하게 되어 나는 진심으로 축하해 드리기 위해 금년 수필의 날 행사에 모든 걸 제치고 참석한 것이다.

오랜만에 숲속에서 한밤을 보내려니 젊은 어느 날이 떠오른다. 벌써 40년이 넘었으니 아주 까마득한 옛날이다. 그날도 오늘 같은 여름밤이었다. 우리 문학 동아리에서 캠핑를 갔다. 돗자리를 깔고 앉아 노래를 부르기도 하고 자신이 좋아하는 시를 읊기도 하였다. 그때는 문학을 좋아하는 사람들이 참 많았다. 문학을 한답시고 괜히 잘 이해도 되지 않는 칸트의 순수이성비판이나 명상록 등을 끼고 다니며 고상한 척하던 때였다.

그날 우리는 제법 진지하게 이야기를 나누었다. 계몽주의,

낭만주의, 실존주의 등 문학 사조를 들먹이며 논조를 펼치는 친구가 있는가 하면 당시엔 입에 담는 것마저 금기시 했던 월북 작가인 정지용과 김기림, 홍명희의 작품을 1급 비밀이니 절대 누구에게 말하지 말라고 하며 들려주던 친구도 있었다. 그때 처음으로 김기림의 「바다와 나비」를 들었다.

> 아무도 그에게 수심(水深)을 일러 준 일이 없기에
> 흰 나비는 도무지 바다가 무섭지 않다
> 청무우 밭인가 해서 내려갔다가는
> 어린 날개가 물결에 젖어서
> 공주처럼 지쳐서 돌아온다
> 삼월 달 바다가 꽃이 피지 않아서 서글픈
> 나비 허리에 새파란 초승달이 시리다.

나비허리에 새파란 초승달이 시린 모습을 그리며 새우던 밤. 그 밤을 함께하던 친구들은 지금 어디서 무엇을 하고 있을까? 그날 그 친구들이 오늘 이렇게 다른 모습으로 모인 듯하다.

문학이 우리를 하나로 만드는 밤에 우리는 아무런 말이 없어도 좋았다. 달빛이 없어도 서로를 볼 수 있었고 별빛이 없어도 우리는 빛나고 있었다.

담쟁이

나무라면 의당 두 팔을 벌리고 하늘 향해 쭉쭉 뻗으며 자라는 게 당연하거늘 자넨 명색이 나무라는 게 어찌 그리도 못났는가. 젖먹이 어린애 안으면 제 어미에게 찰싹 붙어 떨어지지 않으려고 아무거나 꼭 붙잡는 것처럼 무엇이든 붙들지 않으면 한 치도 자라지 못하고 엉거주춤 거리기만 하니 정말 못난이일세.

세상 모두가 반질거리고 윤이 나는 것을 좋아 하거늘 자네는 유난히도 거칠고 험한 것만 좋아하고 있군. 험할수록 더욱 신이 나서 제 몸을 쭉쭉 펴가며 손가락을 벌리고 있는 그 모양새라니 원 나무라는 말이 부끄럽네.

어느 아파트의 방음벽에 자네를 올려놓은 것을 보았네. 그런데 얼마 지나니 그만 한꺼번에 주르륵 미끄러져서 꺾여 있더구

먼. 그 방음벽이 매끄러운 스틸이었으니 촌스런 자네가 어떻게 그곳에서 제대로 서 있었겠나.

그래 그런지 요즘엔 방음벽마다 스틸 위에 거친 철망을 덧씌어 잘 부지하게끔 만들고 있더군. 밤낮으로 쉴 새 없이 차들이 달리는 올림픽도로 옆에서도 그저 꾸역꾸역 기어 올라가는 폼이라니. 손을 잡고 올라 갈 길만 만들어 주면 아무런 군소리 없이 잘도 올라가고 있으니 암만 봐도 자네가 바보 같다네.

그렇게 시끄러운 속에서도 무엇이 그리도 신이 나서 온 벽을 다 덮어 주고 있는지 모르겠더군. 매연이 얼마나 지독한가. 거 온몸에 흐르는 땟국물 좀 보게나. 그게 어디 나무꼴인가. 지나는 차들이야 눈요기도 하고 시꺼먼 먼지도 눈에 안보이게 해주니 좋겠지만 자넨 도대체 뭔가.

누구든 가끔은 자신의 의사 표시를 해야 한다네. 내게도 물을 좀 주세요. 흙을 좀 넉넉히 주세요. 그리고 거름도 좀 주세요. 어쩌다가 한 번씩 나를 돌아 봐 주세요. 그런 의사 표시쯤은 해야 하는 거 아닌가. 그냥 무조건 참기만 하고 제 할일만 하는 건 요즘엔 바보라고 하지 성실하다고 하지 않는 세상이라는 걸 모르는 모양일세.

늘 바보 같고 못나 보이는 자네가 요즘은 달리 보인다네. 그건 말일세 지난봄 그 꽃 같지도 않은 푸르스름한 꽃을 한창 피우고 있을 때 자네의 넉넉한 인심에 내 크게 감동을 받은 바가 있어서일세. 아 그때 말이야 굉장하더군. 그 벌떼들 말이야. 수백, 수천도 넘는 그야말로 벌떼처럼 모여든다는 말 그대로의 벌떼들이 그 꽃 같지도 않는 꽃 속에서 웅웅거리며 드나드는데 자네에게서 그런 달콤한 사랑을 나누는 멋진 모습이 있다는 걸 내 처음 보았지 않은가. 말이 나왔으니 말이네만 어디 자네가 피우는 꽃을 어느 누가 꽃이라고 제대로 보아나 주던가. 그러니 나도 자네는 예쁜 꽃도 피우지 못한 못난이라고 늘 무시했었거든. 내 이참에 사과하네.

지난여름 자네의 또 다른 면을 보고 정말 놀랐다네. 그 많은 잎 사이로 새까맣게 숨어들어 있는 참새떼들. 고물고물 움직이는 것마다 다 참새들인데 어찌나 많은지 기겁을 할 정도였네. 정말 대단했어. 멀리서 보면 그냥 잎밖에 안 보이는데 그리 크지도 않은 잎 사이가 참새들의 쉼터였다니. 얼마나 편안하면 그리도 많은 참새들이 모두 자네의 품안에 다 안겼겠나.

그래 내 자네를 군자라 부를 작정을 했네. 뭐 사람들이 고결함과 품위 어쩌고 하며 사군자니 십군자니라고 정해서 붙이는 이름의 군자 말일세. 내 그 사군자들을 다 그려 보았지만 사실 그 십군자 안에 든 것들 가운데 자네만큼이나 넉넉하게 자신을 내어주고 싸안아 주는 것은 없다네. 그래서 자네를 군자 중 하나에 넣어 자네를 멋지게 그려 볼 참일세.

사람의 마음은 간사하기 짝이 없다네. 한 번 예뻐 보이면 다 예뻐 보이기 마련이거든. 요즈음엔 자네의 붉게 물든 이파리에 완전히 넋이 빠져 있는 중이라네. 햇살이 비치는 곳마다 그 붉은 빛이 사람 미치게 만들고 있네. 단풍의 으뜸에도 자네를 꼭 끼우고 싶네. 정말이지 어느 단풍과 견주어도 자네의 그 고운 맵시는 빠지지 않는다네.

내가 다니고 있는 교회당 벽을 자네가 온통 차지하고 있지 않나. 30여 년이 지나는 동안 줄기차게 뻗어 오르더니 이제는 건물의 벽돌은 전혀 보이지 않고 자네의 이파리로 가득 뒤덮여 있네. 봄, 여름, 가을 다 각각의 모습으로 교회당을 아름답게 꾸며 주고 있으니 자네는 특별히 선택 된 나무일세 그려. 어디 하나님의 성전을 꾸밀 수 있는 영광이 아무에게나 있는 것인가.

그걸 아마도 자네는 일찍부터 알고 있긴 했나봐. 그러기에 다른 어느 곳의 잎보다도 늘 더 푸르고 무성하고 윤이 나며 아름다운 것이 아니었나. 아직까지 어느 곳에서도 우리 교회당에 있는 자네의 모습보다 더 아름다운 모습을 가진 것은 보질 못 했거든.

어제는 대여섯 살의 작은 계집아이가 자네의 고운 이파리 하나를 들고 있더니 제 어미에게 쪼르르 달려가며 하는 말이 "엄마 여기 예쁜 가을이 있어요."라고 말하더군. 그래 자네의 그 무수한 잎들이 모두 '가을'이라고 씌어 있다네. 아름다운 가을이라고 말이야.

자네의 고운 자태를 보려고 마을 사람들이 우리 교회 뜨락에 모여들고 있네. 공원도 녹지도 거의 없는 삭막한 이 중화동에 교회당 벽을 가득 뒤덮고 있는 자네의 모습은 정말이지 말로는 다 할 수 없을 만큼 대단하다네. 누구든지 우리 교회를 들어오면 맨 처음 자네의 그 엄청난 모습에 모두들 입을 다물지 못하고 아름답다고 칭송을 아끼지 않거든. 이 동네 사람들에게 자네는 또 하나의 기쁨이 되고 있네. 한 해를 보내면서 또 다른 행복을 남기고 가는 자네를 위해 내 아름다운 노래를 보낸다네.

똑같은 소식을 들었건만

이른 아침 김원장으로부터 다급한 목소리로 전화가 왔다.

"권사님 인도네시아에 지진이 났다는데 아세요?"

그는 새벽기도를 마치고 돌아오는 차 속에서 뉴스를 듣고 전화를 해 온 것이다.

이번 지진은 인도네시아의 고도인 족자카르타에서 30킬로미터 떨어진 반툴 지역에 5월 27일에 일어난 강도 6.2의 강진이다. 처음엔 사망자만 1천여 명이라고 하더니 시간이 지날수록 자꾸만 숫자가 불어나고 있다. 뉴스 시간마다 사망자와 부상자의 숫자가 다 다르다. 도시 전체가 엉망이 되어 폐허가 되다시피 한 화면을 보고 있자니 아무것도 손에 잡히지 않는다.

'어쩐다지, 30도가 넘는 폭염 가운데 제대로 치우지 못한 시

체들은 금방 썩어 전염병은 창궐 할 텐데. 저 많은 부상자들은 어떻게 하고.'

무너진 건물 안에서 울부짖는 사람들의 비명이 들려오는 듯 하다.

인도네시아의 뉴스만 나오면 나는 민감해진다. 더구나 이런 큰 재해가 발생하면 이곳에 와 있는 우리 교우들의 가정은 무사한 지가 맨 먼저 걱정이다. 최근 얼마 동안 인도네시아의 뉴스는 언제나 지진과 화산, 그리고 폭우로 인한 피해를 알리는 소식이 많았다.

인도네시아는 '불의 고리(ring of fire)'라고 불리는 지역에 놓여 있어서 그처럼 지진과 화산이 자주 일어난다고 한다. 그래도 그렇지 1년에 몇 차례나 일어나곤 하는 이런 재해로 얼마나 많은 사람들이 죽어가고 있는지 모른다. 2년 전에 일어난 수마트라섬의 쓰나미라 불리는 해일로 인해 동남아 일대가 얼마나 엄청난 재해를 입었던가. 헌데 다음해 다시 2차 쓰나미로 수마트라섬은 그야말로 초토화가 되어 아직 복구의 염도 내지 못하고 있다는데 또 다시 이런 지진이 났다니 정말 큰일이다.

이번에 지진이 일어난 족자카르타는 인도네시아의 자바섬 중부지방에 있는 옛 왕도로서 무척 아름다운 도시이다. 이곳에는 세계 7대 불가사의라 불리는 불교 사원인 보로브드로 사원과 회교 사원인 쁘람바란 사원이 있는 곳이다. 지금은 비록 가난하게 사는 민족이지만 이곳에 있는 사원들을 둘러보면 빼어난 예술성과 완벽한 건축미에 이들의 조상들이 얼마나 훌륭한 손재주를 가졌는가를 알게 되며 그 신비로움에 입을 다물 수가 없다.

긴급뉴스를 통해 들려오는 지진 소식을 듣자 나는 곧 바로 교인들의 신상카드를 꺼내들고 자세히 살펴보았다. 다행이다. 그쪽 지역에서 온 사람은 없는 듯하다. 그래도 안심이 안 되어 낮에 다시 확인한 바로는 현재 우리 의정부교회에 나오고 있는 인도네시아인들 가운데는 그 지역에서 온 사람이 없어서 가족들이나 친척들이 피해를 입은 사람이 없다. 그리고 일주일 전에 선교지 순방 차 인도네시아를 방문 중인 남편도 그곳과는 조금 떨어진 수마트라섬에 머물고 있어서 직접적인 피해는 없는 셈이다.

김원장에게서 다시 전화가 왔다.

“지금 그곳으로 가야겠어요. 어떻게 가지요?”

“뭐라고요, 지금 그곳에 갈 수가 없어요. 여진으로 다들 대피령이 내렸어요. 안돼요. 위험해요.”

그러나 김원장은 계속 전화를 해왔다. 시간마다 보이는 화면에는 죽어가는 사람들이 가득한데 어떻게 그냥 있느냐고 한다.

한 번도 가본 적이 없는 그곳을 향해 당장 떠나겠단다. 그런 그가 너무 감상적이고 무모해 보이기도 하지만 자신의 손길이 필요한 곳이라면 어디든지 즉시 달려가는 평소의 그를 잘 알고 있는지라 더 이상 말릴 수가 없었다.

그는 마치 자신의 부모나 친동기간이 지금 그 자리에서 신음하고 죽어가는 모습을 보고 있는 사람처럼 아무것도 살피지 않았다. 병원 문을 닫아야 된다는 것. 빈손으로 갈 수는 없으니 당장 돈을 구해야 된다는 것. 그런 것들은 계산에 들어가지 않는다.

다음 날 그는 떠났다. 급히 가는데도 그래도 도움의 손길들이 있었다. 하루 만에 그들에게 전달할 의약품을 챙기고 꽤 많은 양의 식품도 챙길 수 있었다. 항공사도 배려를 해 주었다. 항공료는 반값으로 깎아 주었고 그 많은 짐도 긴급구호품이라고 그냥 실어 주었단다.

현장에 도착한 그에게서 다시 전화가 왔다.

"권사님 제가 이곳에 오길 얼마나 잘했는지 몰라요. 정말 이곳에 와 보니 말로는 표현 할 수 없을 만큼 너무도 처참해요. 제게 힘을 달라고 기도해 주세요."

가슴 가득 뜨거운 것이 치밀어 오르고 눈물만 나온다.

"그래요 힘내세요. 기왕에 가셨으니 최선을 다하세요. 하나님께서 함께하실 겁니다."

현지에 가면 무조건 교민회를 찾아서 도움을 청하라고 했더니 순조롭게 교민회장을 만나 숙소로 가고 있는 중이라니 조금 마음이 놓였다.

다음 날부터 교민회장의 집을 임시 진료소로 삼아 하루 수백 명의 환자를 돌봐 주고 닷새 만에 그는 탈진이 되어 돌아왔다.

가만히 있어도 온몸에 땀이 범벅이 되는 35도의 무더위 속에서 온종일 환자들을 돌봐 주느라 기진할 대로 기진한 상태였다. 건강엔 언제나 자신이 있다고 하던 그가 돌아오는 비행기 안에서 지독한 멀미를 했다니 얼마나 힘들었는가는 말하지 않아도 알 만했다.

며칠 만에 몹시 여윈 모습의 그를 만나니 너무도 안쓰러운 마음이다. 허지만 그의 얼굴은 빛나고 있었다. 눈은 소년처럼 더욱 맑고 깨끗하다. 그는 그렇게 다녀 올 수 있어서 얼마나 감사 한지 모른다고 했다. 비록 닷새 밖에 머물 수 없어 안타까웠지만 만일 다녀오지 않았다면 늘 빚진 사람처럼 견딜 수 없었을 거라고 했다. 자신이 한 일이 무어 그리 대단하고 많은 사람을 살리는 일은 아니었을지라도 고통 속에 있는 그들과 함께할 수 있었다는 것만으로 감사를 말하고 있다.

같은 소식을 들었건만 내가 한 일은 무엇이란 말인가. 늘 인도네시아인들을 사랑하고 그들과 함께하기를 원한다면서 나는 아무것도 하지 않았다. 그냥 멀리 앉아서 구경만 하고 있었다. 나하고 관계된 사람들에게 아무런 일이 일어나지 않은 것만으로 안도를 하고 있었다.

감사로 가득한 그를 만나고 나니 입으로만 사랑을 말하는 나의 이중적인 모습이 부끄럽기 짝이 없다. 앞뒤 가리지 않고 달려갈 수 있는 불같은 그런 행동을 하는 김원장이야말로 정말 행복한 사람이 아닐까.

반박자 느리게

뉴밀레리엄이라며 온 지구촌이 떠들썩하던 때가 엊그제 같은데 벌써 꼬리에 6이라는 숫자를 덧댄 달력을 열었습니다. 성큼성큼 달려가는 숫자를 바라보며 세월의 흐름을 덧없어 하던 어른들의 뒷모습을 나 역시 그대로 따라가고 있음을 깨달았습니다.

지난 한 해도 참으로 힘들고 어려웠던 일들이 많았습니다. 곳곳엔 여전히 테러와 전쟁이 끊이지 않고 있으며 우리 사회 역시 때 아닌 진보와 보수의 대립으로 시끄럽고 어지러웠던 한 해였습니다.

과학문명은 나날이 발전하여 점점 편리한 세상이 된 것은 분명한데 어째 삶의 질이 좋아진 것 같지 않습니다. 행복지수와 문명지수가 비례하지 않으며 문명국일수록 자살하는 사람이 많다고 하니 과학문명의 발전이 기실 무엇을 위한 것인지 잘 모르겠습니다.

지난 연말이는 캄보디아를 다녀왔습니다. 세계 최대 빈민국이라는 캄보디아, 그곳을 다녀 온 분들은 다 느끼셨겠지만 도시에서 불과 30분만 벗어나도 그들은 반원시의 생활을 하고 있었습니다.

무소유, 정말 아무것도 없었습니다. 가진 것이 없으니 감출 것도 없고 가지려는 생각이 없으니 부러울 것도 없습니다. 맨발에 겨우 걸친 천조각이 전부인 그들을 우리네들은 불쌍하다며 눈물을 찔끔거리며 다녔지만 그들이 우리를 부러워하지 않는데 무엇을 기준으로 불쌍할까요.

그동안 우리는 무조건 많은 것을 소유하기 위해 달려 왔습니다. 조금 더 많이, 조금 더 빠르게, 조금 더 높게, 조금 더 세게, 그렇게 달려오는 동안 얼마나 많은 것을 잃었는지 모릅니다. 순수함을 잃었고 자연의 모든 질서를 어지럽혔습니다. 그 어지럽혀진 질서로 인해 여러 가지 재앙이 계속 되고 있습니다.

이제 조금씩 자연의 질서를 중히 여기고 눈을 뜨기 시작하였습니다. 하천을 되돌려 놓고, 땅을 살리고, 숲이 숨쉴 수 있게 하려고 많은 대가를 치르고 있는 중입니다. 웰빙을 외쳐가며 가난한 시절에 먹던 거친 음식을 비싼 값에 먹습니다. 지저분하다고 버린 황토방을 다시 만들려고 합니다.

30여 년을 대기업에서 일하던 어느 분이 강원도 산골에서 문화 혜택을 전혀 받지 않고 살려고 산골로 들어갔습니다. 전기도 전화도 없는 곳에서 땅을 일구며 살겠다는 겁니다. 그가 대기업에서 일하면서 꾼 꿈이 바로 이거랍니다. 대기업에 취업하기 위해 그리고 그 기업에서 30년을 버티면서 중역의 지위까지 오르도록 애쓰고 힘들었을 모습은 말하지 않아도 우리는 알잖아요. 그런데 마지막 꿈이 자연인으로 돌아가는 것이라니요.

그래요. 우리가 그동안 너무 지나쳤나 봐요. 이제 잠깐 멈추고 반박자 늦게 움직여 봅시다. 그리고 반음 낮춰 봅시다. 조금만 여유로운 마음을 가집시다. 잠깐만 하늘을 바라보며 숨을 크게 쉬어 봅시다. 가끔 밤하늘도 바라봅시다.

영리한 개는 무조건 뛰지 않습니다. 처음 가는 길일수록 자세히 살피며 갑니다. 오줌을 질금거려 표시하는 것도 잊지 않습니다. 병술년 올해는 우리도 영리한 개처럼 애당초 천천히 주변도 잘 둘러보면서 반박자 느리게 살아갑시다.

당당히 누려라

완전 누드에 하이힐만 신은 여성들이 당당하게 카메라를 응시한다. 거리낄 것 없이 성적 욕망을 드러내고 육체를 당당하게 과시하는 여성을 앞세우며 도전하는 헬무트 뉴튼의 영상물 앞에 관객은 압도당하고 그 당당한 누드를 똑바로 보지 못한다.

여성의 육체를 성적으로 볼 것인가 아니면 예술로 볼 것인가. 관점을 어디에 두든 눈에 보이는 것이 아름다우면 다들 선망의 눈빛으로 바라보게 되는 것을 어쩌랴. 여성의 노출은 이제 새삼스레 화두로 삼을 만한 것이 못된다. 아무리 과다노출을 해도 젊고 발랄한 여성들의 육체는 아름다운 것이 사실이다.

올해는 봄이 짧고 여름이 금방 닥치리라는 기상대의 예보가 있더니 정말 4월에 30도가 넘는 더위가 있었다. '단군 이래 최고의 더위….' 어쩌고 하는 에어컨 판매 광고문구가 아니더라도 금년 여름은 유난히 더울 것 같다. 5월의 거리를 활보하는 젊은 여성들은 엉덩이를 살짝 가린 초미니 스커트를 입고 멋진 다리를 마음껏 자랑하고 다닌다. 쭉 뻗은 긴 다리의 여성이 앞을 지나가면 어느 누구랄 것도 없이 그곳에 시선이 머문다. 우리 세대보다 한 뼘 이상 키가 큰 요즘의 아이들은 거의 다리가 날씬하고 예쁘다. 그 예쁜 다리를 남자도 아니고 아줌마 아니 할머니과에 속할 만한 내가 부러워하면서 정신없이 쳐다보고 있다.

내 나이 스무 살 때 가수 윤복희의 미니스커트를 기점으로 우리는 젊음의 상징으로 미니스커트를 입기 시작했다. 지금 생각하면 미니도 아닌 어중간한 길이였지만 얼마나 말이 많았는지 모른다. 무릎을 오르내리는 치마길이의 전쟁이었다. 어른들의 눈총을 맞아가면서 우리는 미니스커트를 입기 위해 모험을 하기도 했다. 외출 때마다 책으로 다리를 가리고 인사를 하는 둥 마는 둥 도망치듯 집을 빠져 나와 길에 나서면 똑바로 서서 걸어 보며 당당해 지려고 했었다.

아무리 보무도 당당하게 거리에 나서도 아무도 보아 주지 않던 내 다리. 그건 오히려 미니스커트의 유행을 원망하게 만들기도 했다. 짧고 굵고 그리고 알통은 나오고. 나는 밤마다 무척 애를 썼다. 두 다리를 높게 올리고 자는 것은 기본이고 맥주병을 굴리기도 하고 탄력 붕대로 꽁꽁 묶기도 했다. 밤마다 그렇게 애를 쓰건만 아침에 엄지와 검지를 동그랗게 만들어 다리를 재어 보면 아 어쩌랴 여전한 그 굵은 다리를.

그렇게 입어보고 싶어 어른들의 눈을 속이고 집을 나서도 남들 앞에만 서면 더 이상 내려오지 않는 치마를 자꾸만 끌어 내리곤 하던 일들. 그러나 어디 다리만 그렇던가. 남들이 다 입는 민소매에 가슴까지 내려 올 정도로 앞이 푹 파인 옷을 입어보지 못하는 심정을 누가 알아주랴.

오죽하면 빨래판이라는 별명이 붙을 정도로 납작한 앞가슴에 무슨 민소매며 가슴 파인 옷이 가당키나 하겠는가. 그런데도 그런 옷이 입고 싶어 스펀지가 든 브래지어를 하고 가슴을 잔뜩 부풀리고 나서 보아도 어느 누구하나 눈길 한 번 주지 않던 내 젊은 날의 슬픔이여. 돈을 벌면 가슴부터 수술을 하리라. 얼마나 벼르고 벼렸던가.

나는 길고 날씬한 다리의 여성과 가슴이 풍만한 여성을 보면 흘끔 흘끔 몰래 훔쳐보는 게 아니고 아예 노골적으로 "다리가 정말 예쁘네요." 하며 그 다리를 만져보고 싶어 안달을 하기도 한다. 예닐곱 살의 유치원 다니는 아이들이 스타킹을 신은 나의 다리를 만지작거리길 좋아 하듯이 말이다.

젊음, 그것은 그 자체만으로도 아름답다. 거기에 이렇게 멋있게 길고 날씬한 다리나 아름다운 가슴을 가진 여성이라면 마음껏 노출도 하고 그 아름다움을 내보이고 다녀도 무조건 환영이다. 그것은 젊은이의 특권이 아니겠는가. 젊고 아름다운 예술품 같은 그들이 있기에 오늘도 거리는 활기가 넘치고 많은 사람들은 즐겁게 살아가고 있다.

항상 튼튼해 보여서 좋다던 나의 굵은 다리가 요즘에 고장이 났다. 북한산의 등산길에서 지혜 없이 뛰어 내려오다가 고장 났는데 잘 낫지 않고 그대로 퇴행성관절염이라는 진단을 받았다. 퇴행성이라, 그러면 이제 늙어 간다는 말이 아닌가. 이제는 날씬한 다리는 꿈도 못 꾸고 다만 지하철을 타고 그 많은 계단을 오르내릴 때 아무런 증상이 없으면 하는 마음뿐이다.

그런데도 나는 오늘도 여전히 전철 앞자리에 앉아 있는 아가씨의 예쁜 롱다리와 피어싱으로 장식한 배꼽과 볼록한 가슴에서 눈길을 떼지 못하며 그 아름다움에 매료되어 있다. 아무리 봐도 예술이란 말이야. 당당한 젊음이여 마음껏 누려라. 헬무트 뉴튼의 모델들처럼.

아름다운 눈

오랜 봄가뭄 끝에 내린 단비는 쭈뼛거리던 나무 이파리들에게 가장 반가운 선물이다. 생명의 움직임이 눈에 보인다. 짝 펴 보이는 손끝마다 발돋움하는 싱그러움이 있다. 이제 막 펴 보이는 잎새들을 찬찬히 들여다본다. 가느다란 잎맥과 줄기를 보고 있노라니 어느 친구의 이야기가 문득 떠올랐다.

어릴 때부터 시력이 몹시 약한 그녀는 꽃과 나뭇잎을 자세히 들여다 본 적이 없었다. 칠판의 글씨도 늘 뿌옇고 친구의 얼굴도 그저 흐릿한 윤곽 상태로 구분하며 살아왔다. 그런데도 자신의 눈이 나빠서 모두 흐릿하여 답답하다는 생각을 별로 해보지 못하고 살아왔다. 그냥 그러려니 한 거다. 그러다가 중학교에 들어가서 처음으로 안경을 맞춰 쓰고 나서야 지금까지 자신이 얼마나 흐린 세상을 보았나를 확실히 알게 되었다. 보는 것마다 자신의 생각을 바꿔 놓았다. 그녀는 특히 나뭇잎과 꽃을 보았을 때 흥분한 목소리로 말했다.

"여기 이렇게 가는 잎맥과 줄기가 있었구나. 세상에 이 꽃의 모습이 이렇게 생긴 것을."

그러나 나는 그 친구의 말을 그냥 흘려듣곤 했었다. 어릴 적부터 시력이 좋았던 내가 친구의 말에 공감을 못한 것이다. 나는 시력만 좋은 게 아니다. 무척이나 아름답고 매력적인 눈을 가졌다. 별 미인은 아니지만 늘 웃음기 가득하고 맑은 눈이 보고 있으면 빨려 들어 갈 것 같다고 추켜 주곤 하던 눈이다. 그런데 늘상 눈웃음치던 눈가엔 유난스레 많아진 주름으로 흉해져 있고 그 맑다던 눈빛마저 흐릿해 총기라곤 찾을 길이 없다. 그 뿐인가. 시력하면 자신 있다고 큰소리치던 내 눈이 이젠 보이는 것마다 뿌옇고 흐려서 분명치가 않다. 공연히 눈만 몇 번씩 문질러 닦아도 보고 깜빡 거려도 본다. 그러나 흐릿한 건 여전하다. 눈이 흐리니까 정신마저 혼란스럽다. 안개가 가득 낀 것처럼 머릿속이 뿌옇다. 조금만 어두워도 책읽기를 중단해야 할 지경이다.

세상에서 가장 아름다운 것을 하나 말하라고 하면 나는 서슴없이 어린아이의 눈을 들 것이다. 초롱초롱 맑은 눈. 그 눈을 들여다보면 세상의 어느 보석이 이보다 더 아름다우며 그 어떤 것을 이에 견줄 수 있으랴 싶다. 그 눈앞에 서면 세상 모든 근심도 미움도 녹아 나리라.

이렇게 아름다운 눈이 세상을 살아가는 동안 이끼가 끼듯이 점점 흐릿해지고 아름다움이라곤 찾을 길이 없게 된다. 이는 아마도 세상의 모든 것들을 너무 많이 보아서인 듯하다. 보지 말아야 할 것들을 너무 많이 본다. 눈을 감아야 될 것들을 너무 똑바로 쳐다보고 있다.

그런데 노인에게서도 이 세상 어느 것과도 비교 할 수 없는 아름다운 눈을 볼 때가 있다. 남한산성에서 학처럼 곱고 깨끗하게 노년을 보내고 계시는 한경직 목사님을 만나 뵈었을 때다. 그 깊고 그윽한 눈빛에서 풍기는 자애로움과 편안함이 너무도 아름다웠다. 평생을 오직 그리스도의 사랑을 전하며 사시던 어른이 티끌만한 욕심도 없이 빈손의 모습으로 서 계셨는데 그 때 그분의 눈이 정말 그리스도의 눈을 닮아 있었다.

또 한 아름다운 눈이 있다. 자신의 한쪽 콩팥을 병든 며느리에게 선뜻 떼어 주고선 수술이 행여 잘못 되지나 않았나 염려하며 눈물을 흘리던 그 시어머니의 눈은 세상의 무엇과도 견줄 수 없는 아름다운 눈이었다.

세상에서 가장 추하고 악한 것을 들라고 하면 나는 주저하지 않고 살의가 가득한 눈을 들 것이다. 남의 생명을 무참히 해치고서도 아무런 죄의식조차 갖지 않는 눈을 보았을 때 나는 몸서리를 쳤다. 남의 것을 빼앗기 위한 눈, 남의 고통을 즐기려고 하는 그 눈은 추하고 악할 뿐이다.

사랑하는 사람끼리는 특별한 말이 필요 없다. 서로의 눈만 바라보면 모든 게 다 통한다. 입을 열어 하는 말보다 훨씬 호소력과 진실성이 있어서 좋다.

나는 남편이 외국 출장을 갈 때면 아무 말 없이 그냥 남편의 눈을 한참 들여다본다. 눈이 시려 핑그르르 한 방울의 눈물이 흐를 때까지. 거기엔 당부하는 수만 마디의 말들이 들어있다.

출장에서 돌아 온 날도 역시 남편의 손을 잡고 그냥 한참을 눈만 들여다본다. 거기엔 수만 마디의 안부가 넘나든다.

눈이 마주쳤을 때 상대의 마음을 읽어내지 못하면 그와는 마음이 통하지 않는 친구다. 나는 눈만 보면 다 알 수 있는 그런 친구를 갖기 원한다. 그러나 손을 꼽아 봐도 그런 친구가 내겐 몇 사람 없다. 내가 먼저 마음과 눈을 열어 두지 않는 까닭이리라.

사랑을 먼저 주려고 하지 않는 나의 주변머리 없는 성격이 그런 친구를 만들지 못한 건지 모른다.

요즈음 나의 신경을 가장 거슬리는 뿌옇고 흐리게 변해가는 시력처럼 흐리멍덩한 사고방식 속에서 허둥대고 있는 마뜩잖은 나를 본다. 안경은 흐릿한 활자를 또렷하게 보여준다. 나는 세파에 흐려져 있는 마음의 눈에도 안경을 쓰고자 한다. 안경을 빌어서라도 자비롭고 편안한 그리고 사랑이 넘치는 아름다운 눈으로 변하길 원한다.

정남진을 아시나요

세계적인 테너가수 카루소가 노년에 머물렀다는 집이 아름다운 소렌토의 언덕 위에 있었다. 전 세계를 다니며 화려한 무대에서 일생을 보낸 카루소에겐 아름다운 곳이 어디 소렌토만이었겠는가. 그렇지만 그는 그 어느 곳보다도 고향인 소렌토를 잊지 못하여 그곳으로 돌아 와서 말년을 보낸 것이다.

누구나 자신이 태어난 곳에서 일생을 보내기란 쉽지 않다. 이런 저런 이유로 고향을 떠나 살면서 오랫동안 고향을 잊고 살다가도 어느 날인가는 고향을 그리워하기도 하고 찾아 가기도 한다. 그 고향이 갈 수 없는 곳에 있는 사람이면 더욱 애절하게 그리기도 한다.

나의 고향은 전남 장흥이다. 마음만 먹으면 언제든지 찾아

갈 수 있는 곳에 있건만 나는 고향을 얼마 전에야 찾아 갔었다. 고향을 떠나 온 지 무려 반세기 가까이 되어서야.

온 가족이 고향을 떠난 지가 오래 되었고 갈 일이 없었다고는 하지만 그건 고향에 대한 그리움이 덜 하였기 때문이 아니었을까.

그러나 생각해 보면 고향은 늘 나의 가슴 속에서 살아 있었다. 남도의 구수한 사투리를 들으면 속이 울렁거렸고, 남도 땅의 푸른 보리밭을 보면 편안함이 일었고, 몇 십 년이 지나도 그대로인 게딱지같은 올망졸망한 옛집들을 보면 금방 예닐곱 살의 계집아이가 되곤 했다.

내 고향 장흥의 바닷가는 세월이 아무리 흘러도 그대로인 때 묻지 않은 아름다운 곳이다. 이곳에 정남진이 있다. 강원도에 정동진이 있는 것처럼 광화문에서 직선으로 내려가면 만나는 바닷가가 바로 정남진이다.

정남진의 바다에는 편안함과 순수가 있다. 태곳적부터 일렁이던 바다가 그대로 숨 쉬는 곳 아름다운 다도해와 어우러지는 해돋이와 해넘이의 장엄함을 모두 감상할 수 있는 곳이다.

장흥에는 작은 포구들이 여러 군데 있어서 싱싱한 해산물도 많았다. 그중에서도 잊을 수 없는 것 중의 하나가 매생이였다. 겨울철이면 매생이 장사들의 "매생이 사시오. 매생이." 하는 소리를

정남진의 바다에는 편안함과
순수가 있다. 태고적부터 일렁
이던 바다가 그대로 숨 쉬는 곳
아름다운 다도해와 어우러지는
해돋이와 해넘이의 장엄함을
모두 감상할 수 있는 곳이다.
-정남진을 아시나요

많이 들었다. 요즘에야 매생이를 서울에서도 만날 수 있지만 당시에는 가까운 광주에서조차 맛보기 힘든 것이었다. 매생이는 김처럼 바다에서 건져 올리는 해초류인데 입자가 무척 고와서 조금만 더워도 다 녹아 없어진다. 그래서 냉장시설이 부족한 당시에는 아무데서나 맛볼 수 없는 해초였다. 매생이를 참기름에 볶다가 굴을 넣어 간을 해서 먹으면 부드러우면서도 매생이만이 지닌 특별한 맛과 굴 향과 어우러져 참으로 일품이다.

장흥에는 유명한 천관산이 있다. 해발 723m의 이 산은 지리산, 내장산, 월출산과 더불어 남도의 명산이다. 꼭대기는 바위들이 삐죽 솟아 있는데 그 모습이 천자의 면류관 같다고 해서 천관산이라 불렸다. 맑은 날 산 위에서 바다를 바라보면 제주도의 한라산이 신비스럽게 나타난다. 그곳의 정상에 있는 억새밭은 유명하다. 40만평에 흰 억새가 가득 구름처럼 피어 있는 장관을 상상해 보라.

장흥에는 또한 맑고 깨끗한 물이 풍부하기로도 유명하다. 탐진강의 지류가 흐르고 있는 장흥천에는 1급수에만 사는 은어가 살고 있다. 내 나이 여섯 살 때 이 강가에서 놀다가 물에 떠내려가 하마터면 죽었을지도 모를 사건이 있던 강이다.

읍내의 경찰서 바로 옆집에서 살던 어린 날보다는 두 해만 살다 떠나 온 해당리의 집이 나의 기억을 언제나 가득 채우고 있다. 이 집은 큰아버지네가 살다 비워둔 집이었다.

같은 읍내면서도 해당리는 전형적인 농촌이었다. 집은 낡고 허름한 초가삼간이었다. 집 옆으로 작은 도랑물이 흐르는데 싸리 울타리가 도랑물을 마당 안에 감싸고 흐르고 있었다. 그 물에서 여름이면 목욕도 할 수 있었고 채소를 씻거나 빨래를 하는 등 우물처럼 사용하였다.

그러나 여름날 장마가 져서 비가 많이 오는 날이면 어디서도 만나지 못할 진풍경을 만나게 되었다. 도랑물은 넘쳐서 마당이 몽땅 강바닥이 되었다. 나는 마루에 앉아 마당에 왔다 갔다 하는 송사리 떼를 바라보기도 하고 쏟아지는 빗줄기를 타고 하늘로 올라가는 미꾸라지를 바라보며 손뼉을 치기도 했다. 그러다가 더 신이 나면 마당에 맨발로 뛰어들어 바구니를 들고 송사리를 쫓아다니기도 했다.

마을에서 얼마 떨어지지 않는 곳엔 사자산이 있었다. 이곳에는 나물이 지천이었다. 나물의 생김새도 잘 모르는 일곱 살짜리 어린 계집애는 동네 언니들을 따라 나물을 캐러 가기도 했었다. 허나 나물은 한 움큼도 캐지 못하고 길을 잃어 버려 울고 헤매다가 나무꾼을 만나 겨우 집을 찾아오던 일도 잊을 수 없는 일이다.

당시 내가 다니던 장흥 동 초등학교는 정말 아름다운 학교였다. 목조 건물로 지은 교사는 작고 아담하였는데 화단에는 빨간 칸나를 비롯하여 예쁜 꽃들이 가득 피어 있었다. 운동장은 잔디밭이고 교문은 무지개 모양이었다. 학교 들어가는 길의 양옆에는 코스모스가 가득 피어 있었고 자갈을 밟을 때마다 따글따글 소리를 내는 게 상쾌했다. 그런가 하면 우리들 팔뚝만큼이나 커다란 잉어들이 발소리만 들으면 입을 크게 벌리고 반겨주는 양어장이 두 군데나 있었고 5, 6학년 언니 오빠들이 직접 관리해서 전기를 일으키는 수력발전소까지 있었다.

나는 이 학교를 2년도 제대로 다니지 못했지만 이곳에서 보낸 그 어린 날이 얼마나 나의 감성을 크게 지배하고 있었는지를 잘 알고 있다. 초등학교 때부터 전국 어린이 글짓기 대회나 신문사 주최 글짓기 대회 등 수많은 백일장에서 많은 입상을 한 것이 모두 그때의 영향인 듯하다. 어쩜 지금 이렇게 수필가가 된 것 역시도 말이다. 아름다운 자연과 환경은 훌륭한 작가를 배출하는 것이 틀림없다. 장흥은 이청준과 한승원 등 유명한 작가들을 배출한 곳이니 말이다.

임권택 감독의 100번째의 작품 「천년학」의 무대도 이곳 장흥이다. 흥행과 상관없이 그 영화야말로 가장 한국적이며 숨겨져 있는 내 고향의 아름다움을 가장 잘 보여 준 영화였다.

고향이 서울인 남편은 나처럼 아름다운 추억을 갖고 있지 못하다. 그래서인지 고향 하면 잠시 피난 시절에 겪은 충청도의 어느 마을을 연상하곤 한다. 그러고 보면 고향이란 곧 자연을 그리는 마음이 아닌가 하는 생각이 든다. 아름다운 자연 속에서 자라 온 어린 날이 가장 많은 그리움을 갖게 하는 것 같다.

물 맑고 산 좋으며 거기다가 아름다운 바다까지 곁들여서 어느 것 하나 부족함이 없는 아름다운 자연을 고향으로 둔 나는 얼마나 행복한 사람인가. 카루소가 노년에 고향을 찾아 살았던 것처럼 나도 그 아름다운 고향을 찾아가 노년을 보내 볼까 생각 중이다.

살아 있는 비너스

몇 년 전부터 팔이 심하게 아프다. 밤이면 어깨부터 손가락 끝까지 마비가 되고 통증이 심해 몹시 고통스럽다. 그래도 낮이 되면 팔도 잘 움직여지고 고통도 덜하니 일상생활에 그리 큰 지장이 없이 살아가고 있다.

그러다가도 너무 아프면 통증클리닉에 가서 진통제주사를 맞고 얼마간 견디기도 한다. 그러나 이렇게 방치하다간 정말 팔을 못 쓰게 되지나 않을 가 겁이 나서 종합 병원에 가서 정밀 검사를 하고 조치를 취할 요량으로 접수를 했다.

병원에 접수를 하고 나니 걱정이 이만저만이 아니다. 수술을 하게 되면 어떡하지. 몇 달간 팔을 못 쓴다고 하던데. 오른팔이 꽁꽁 묶여 못쓴다고 생각하니 해야 할 일이 산더미 같다.

어서 서둘러서 작품을 마무리해야 될 것 같다. 김치도 좀 넉넉히 담가야 되겠지. 밑반찬도 골고루 해서 넣어 두어야겠다. 철 지난 옷도 손질해서 넣어두고 장롱 정리도 해야지.

왼손으로 숟가락질을 해본다. 왼손으로 글자를 써 본다. 밥은 어떻게 먹겠는데 글자는 전혀 써지지 않는다. 컴퓨터 앞에 앉아 왼손으로 자판을 토닥거려 본다. 역시 제대로 써 지지 않는다. 60년 가까이 아무런 생각 없이 써 온 팔인데 팔이 없으면 할 수 있는 일이 아무것도 없다는 것을 새삼 알았다.

뇌출혈로 쓰러졌다 일어난 황집사님의 이야기가 생각난다.

"박수 치는 거요. 그거 정말 대단한 거예요. 난 박수를 못 쳐요."

박수란 두 손바닥이 딱 마주치는 것이 아닌가. 그런데 왼손을 움직일 수 없으니 박수를 칠 수가 없단다. 한 번도 생각해 본 적이 없는 박수 치는 일이 어려운 일이라니. 또 병원에 오는 환자 중에 곱게 화장을 하고 온 환자를 만날 때 그분은 자신도 모르게 심통이 나더란다.

'어쭈 당신 예쁘게 화장을 했구려. 나도 예전엔 화장을 잘 했다고.'

여성으로서 화장 하는 일, 아무것도 아닌 이런 일상이 얼마나 귀한 것인가를 쓰러지고 나서야 알았다고 한다.

조각가인 그분은 자신이 평소에 마음껏 다루던 쇠와 돌을 이제는 다룰 수 없게 되었지만 좌절하지 않고 한 손으로 판화 작업이라도 열심히 하여 다시 개인전을 열었다. 그분의 작품에선 예전보다 더 깊고 성숙한 감사가 넘치고 있었다.

몇 해 전에 살아있는 비너스라고 불리는 '엘리슨 래퍼'가 아들 패리스와 함께 우리나라에 왔었다. 그녀는 선천성 질병인 해표지증(phocomelia)으로 양팔이 없고 짧은 다리를 갖고 태어났다.

그녀는 태어나자마자 부모로부터 버림을 받았다. 그리고 자라서는 사랑하는 사람으로부터도 버림을 받았다. 허지만 그녀는 어떤 고난 가운데서도 넘어지지 않고 입과 발로 그림을 그리고 사진을 찍는 예술가로 다시 태어났다.

그녀의 굳은 의지와 피나는 노력으로 2003년 스페인에서 '올해의 여성상'을 받았다. 또한 영국 왕실에서 제정한 '대영제국 국민 훈장상'을 받았으며 2005년에는 '세계 여성상'을 받기도 해 강철 같은 의지의 여성 대명사가 되었다.

모든 사람이 다 만류하며 낳지 말라는 아들 패리스를 미혼모로 낳아 기르고 있다. 또랑또랑하게 잘 생긴 그 아들이 벌써 엄마의 든든한 동반자의 모습으로 서 있어서 래퍼에게 얼마나 큰 힘이 되고 있는가를 보는 이로 하여금 금방 알게 한다. 그녀는 방한 동안 우리나라의 수많은 장애우들에게 꿈과 희망을

그녀는 태어나자마자 부모로부
터 버림을 받았다. 그리고 자
라서는 사랑하는 사람으로부
터도 버림을 받았다. 하지만
그녀는 어떤 고난 가운데서
도 넘어지지 않고……
—살아 있는 비너스

안겨 주고 떠나갔다.

해마다 연말이 되면 나는 한 뭉치의 그림 카드를 받는다. 그 카드는 구족화가 회원들이 만들어 보내온 것이다. 그들의 작품을 볼 때마다 발가락에 붓을 끼워 그림을 그리게 되기까지의 피눈물 나는 그 애씀에 눈물이 난다. 손보다도 더 정밀하고 섬세하게 표현한 작품에 감동이 되기도 한다.

솟대문학회를 이끌고 있는 방귀희는 그녀가 초등학생일 때 내가 몇 년 동안 과외공부를 지도한 학생이다. 왼손과 두 발, 이렇게 삼 수족을 쓰지 못하는 중증 소아마비의 그녀는 어려서부터 총명하고 무엇이든 긍정적이고 적극적인 성격의 소유자였다.

어느 날 학교 가정 숙제로 바느질이 있었다. 한 손으로 하는 바느질이 힘이 든다는 것은 말할 필요가 없다. 그런데도 그녀는 책상 한 쪽에다 천을 기대 가면서 기를 쓰고 바느질을 했다. 내가 나중에 엄마나 언니에게 부탁해서 가져가라고 했지만 그녀는 꼭 자기 손으로 바느질을 하겠다면서 갖은 방법을 다 궁리하며 한 땀 한 땀 해나갔다.

중, 고등학교는 물론 대학까지 수석으로 졸업하여 신문과 방송으로 널리 알려진 그녀는 지금도 방송활동과 문학활동을 활발히 하고 있다.

특히 솟대문학회는 장애우들 가운데 시를 쓰는 사람들을 발굴

하여 지원하며 정기적으로 시집을 발간하여 널리 읽히고 있을 뿐만 아니라 많은 장애우들에게 꿈과 희망을 심어 주고 있다. 멀리서 그녀를 바라 볼 때마다 나는 늘 새로운 다짐을 하게 된다.

저 몸으로 저렇게 뛰어다니며 열심히 일하는데 나는 지금 무엇을 하고 있는가. 언제나 생글거리며 웃는 그녀는 장애우들에게 만이 아니라 우리 모두에게 늘 도전할 힘을 주고 있는 것이다. 그녀가 아무 말을 하지 않아도 그녀가 어떤 것을 주지 않아도 그냥 그녀가 있어 줌으로써 우리는 많은 것을 얻고 있는 것이다.

제 아무리 남의 염병보다 제 고뿔이 더 중하다고들 하지만 팔이 좀 아프다고 엄청나게 수선을 피우고 있는 내가 너무 한심스럽다. 엘리슨 래퍼나 방귀희는 이렇게 말할 것이다.

'당신은 아플 수 있는 팔이 있다는 것에 감사하시오.'

그녀들 앞에 감히 아프다는 엄살을 부릴 수가 없다.

그 녀석 때문에

1. 신혼 부부

어느 젊은 남녀가 맞선을 본지 한 달 만에 결혼을 하게 되었다. 남자는 성실하고 착한 사람이었지만 그리 호감을 주는 외모는 아니었다. 여자는 남자가 조금도 끌리지 않았건만 부모님의 권유에 어쩌다 결혼까지 하게 되었다.

신혼 첫날 밤 신부는 맘에도 없는 신랑과 첫날 밤을 치르는 일이 내키지 않았다. 그런 신부의 마음을 읽은 신랑 역시 신부의 마음을 얻을 때까지 기다리기로 작정을 하고 그냥 잠자리에 들었다.

다음날 새벽 눈을 뜬 신부는 기겁을 하였다. 지난 밤 분명 손 한 번 잡지 않고 잠자리에 들었던 신랑이 자기 옆에서 벌거

벗은 채 알몸으로 잠이 들어 있는 것이 아닌가. 화가 머리끝까지 오른 신부는 깊이 잠들어 있는 신랑의 몸뚱어리를 사정없이 걷어차면서 이게 대체 무슨 행세냐고 따지며 가방부터 챙겨 금방이라도 호텔을 나갈 태세였다.

잠결에 날벼락을 맞은 신랑은 황급히 이부자락으로 몸을 가리면서 제발 내말 좀 들어 보라 사정했다. 들어 볼 것도 없이 당장 끝장이라는 신부를 겨우 붙들고 자초지종을 이야기했다.

설레는 마음으로 신부를 맞아 첫날밤을 멋있게 보내려는 신랑에게 냉담한 신부는 살쾡이처럼 털을 꼿꼿이 세우고 먼저 잠이 들었다. 그러나 신랑은 잠을 이룰 수가 없었다. 잠든 신부를 가만히 바라보고 있자니 자신의 처지가 딱하고 한심하다는 생각으로 잠을 이루지 못하고 있는데 웽웽하며 모기 두어 마리가 잠든 신부를 자꾸 공격하는지라 신랑은 모기를 쫓아 주며 신부를 지키고 있었다.

밤은 깊어가고 결혼식에 신혼여행까지 종일 고단한 하루를 보낸 신랑 역시 졸려서 더 이상 신부를 위해 손부채질을 하고 앉아 있을 수가 없었다. 모기를 잡으려고 불을 켜고 부산을 떨었다간 잠든 신부가 깰 것이 분명했다. 신랑은 궁리 끝에 모기가 물려면 자신이나 물라고 옷을 훌랑 벗고 신부 곁에 누워 잠이 들었다는 것이다.

사연을 들은 신부는 눈가에도 차지 않던 신랑이 별안간 공유처럼 꽃미남으로 보이는지라 지난밤에 못 치른 대사도 잘 치르고 희희낙락하게 되었으니 그 밤에 든 모기 두 마리가 그렇게 고마울 수가 없었다고 한다.

2. 공포의 밤

눈까풀이 십리는 들어간 나를 보고 사람들은 어디 아프냐며 염려를 한다. 그러나 실은 지난밤에 한잠도 못 자서 그런 것이다. 나는 여름을 가장 두려워한다. 이유는 바로 모기 때문이다. 한 밤에 달려드는 모기야말로 이 세상에서 가장 나를 괴롭히는 녀석이다. 헬리콥터 프로펠러보다 더 큰소리로 웽웽거리며 달려드는 모기는 한밤에 공포의 대상이다. 소리만 나면 잡으려고 불을 켜고 눈을 부라리며 찾아보아도 쉽게 눈에 띄지도 않는다.

날씨는 무더워 가뜩이나 잠을 이루기 힘 드는데 겨우 잠이 들었다가도 그 공포의 웽 소리에 겁을 먹고 인조견 이불을 발끝에서 목까지 꼭꼭 눌러 덮고 잠을 청한다. 막 잠이 들었는데 얼굴이 따갑고 가렵다. 나도 모르게 내 얼굴을 찰싹 때렸다. 그러나 이미 녀석은 제 볼일을 다 보고 없어진 다음이다. 그대로 다시 잠을 자려고 해도 얼굴이 너무 가려워서 도저히 견딜 수가 없다. 일어나 약을 바르고 복수전을 벌인다. 불을 켜고 벽과 침대 옆을 잘 살핀다. 커튼도 흔들어 보고 욕실까지 살펴보아도 녀석은 금방 어디로 숨었는지 보이지 않는다.

30분쯤 찾다가 이번엔 얼굴까지 뒤집어쓰고 잤다. 그런데 잠시 후 발바닥이 바늘로 찌르듯이 따가우면서 가렵다. 후다닥 잠이 달아나고 다시 녀석을 찾는다. 이번에는 꼭 잡겠다는 일념이다. 숨소리조차 죽이고 자세히 살피니 천장에 내 천금 같은 피를 빨아 먹어 통통한 녀석이 하나 붙어 있다. 저걸 어떻게 잡지. 궁리를 한다. 옷으로 살짝 유인을 해서 벽에 붙게 만들었다. 앉기가 무섭게 잽싸게 때려잡았다. 벽과 손바닥에 빨간 내 피가 묻었다. 이때의 통쾌함을 그 누가 알랴.

시계를 보니 3시 30분이다. 잠을 자긴 틀렸다. 결국 그럭저럭 날밤을 새우고 앉아 있다가 새벽 기도회를 갔다. 한참 기도에 열중하고 있는데 손가락이 따갑다. 연거푸 서너 군데를 당했다. 금방 손가락이 통통 부었다. 기도고 뭐고 정신이 없다. 그냥 중간에 접고 나왔다.

3. 떼로 당했다

장마가 지난 어느 날 아버님 산소에 성묘를 갔었다. 산소 바로 아래까지 큰물이 휩쓸고 간 자리가 도랑처럼 패여 있었다.

우중에 자란 잡초는 한길이 넘는다. 맨손으로 잡초들을 뽑았다. 그러나 몇 분도 안 되어 나는 떼로 달려드는 시커먼 녀석들의 공격으로 견딜 수가 없었다.

산에 사는 녀석들은 집에 사는 녀석들과는 차원이 다르다. 크고 새카만 것이 얼마나 사납고 무서운지 한 번 물리면 즉시 백 원짜리 동전보다 더 크게 붓고 아프다. 내 깐엔 조심한답시고 더운데도 불구하고 긴팔 옷에 두꺼운 청바지를 입었건만 옷 위로도 사정없이 물어대는 데는 당할 재주가 없었다.

엉덩이, 다리, 어깨, 옆구리 등 무차별 공격으로 온몸이 벌집이 되었다. 이렇게 되니 벌초고 성묘고 다 내동댕이치고 차 속으로 피신을 했다. 바지를 벗고 약을 바른다, 소금을 바른다 해도 가려움증이 쉽게 가시지 않았다.

울상이 되어 있는 내게 남편은 약을 발라주고 부채질을 해가며 딱해서 어쩔 줄 모른다. 그러다가 "무슨 사람이 그리 시원찮아 물것이 많이 타느냐"고 위로삼아 한마디 하는 남편에게 녀석들한테 못한 분풀이로 이 더위에 왜 산에는 데려 와서 이렇게 물리게 하느냐고 화를 내면서 엉엉 울었다.

온몸이 성한 곳이 없는 나와는 달리 한 군데도 물리지 않는 남편이 공연히 밉다. 돌아오는 차 속에서 죄 없는 남편은 죄인이 되었다.

석창원에서

석창원에는 겸재의 금강산이 자리 잡고 있다. 1만 2천 봉이라는 기암괴석들이 하늘을 향하여 그 웅장한 자태를 드러내고 있으며 골짜기 마다 흐르는 옥수는 크고 작은 폭포를 이루고 있다.

그 유명한 유점사와 장안사가 보인다. 그런가 하면 바위 끝에는 자그마한 이름 없는 암자도 몇 채 보인다. 단풍이 곱게 내려앉은 등성이가 형형색색으로 곱다.

우리는 그 금강산의 끝자락에 앉아 유상곡수연을 하게 되었다. 포석정을 본 떠 그와 유사한 물길을 만들고 그 물 위에 연잎을 띄워 술잔이 흐른다. 술잔이 흐르다 머물면 그 자리에 앉은 사람이 시를 읊는다.

유상곡수는 예부터 문인이나 선비들이 즐기는 놀이로서 자연과 우주에 대한 인간의 유한함을 느끼고 살아 있음에 대한 감정을 시로 표현하는 고상한 놀이다. 함께 자리 한 문학계의 원로들과 문우들은 시에 취하고 분위기에 취하고 물소리에 취했다.

취한 우리는 겸재 선생을 모시기로 했다. 300년 전 하늘 위에서 카메라를 대고 찍어내듯 금강산 전체를 고스란히 드러나게 그린 놀라운 솜씨에 대해 여쭤 본다.

"내 다른 사람보다 조금 늦게 그림을 그렸지. 그러나 제법 그림을 그린다는 소릴 들을 때였어. 어느 날 천하 명산인 금강산에 올라 그 빼어난 자태에 넋을 잃게 되었지. 한 번 들면 몇 달씩 묻혀 밤낮으로 산을 오르내리며 모든 걸 담고자 혼신을 다했다네. 100여 폭이 넘게 그리고 또 그렸지. 그러나 뾰족한 바위가 유난히 많은 금강산을 제대로 드러내기엔 늘 나의 재주가 모자라기만 했다네."

그는 금강전도를 그리기 위해 그 많은 봉우리가 한눈에 들어오도록 부감법(俯瞰法)을 써서 구도를 잡았다고 한다. 뾰족한 암봉은 수직 준법으로 나무숲이 우거진 토산은 미점(米點)으로 표현하였는데 바위가 많고 소나무가 많이 자라는 금강산의 특징을 드러내기 위해 나름대로 독특한 새로운 화풍을 시도했노라 한다.

과연 보면 볼수록 금강산의 모든 것을 잘 드러내 보이고 있다. 그럼에도 불구하고 겸재 선생은 그 웅장함을 다 표현할 길이 없어 답답함에 흘린 눈물이 여기 흐르는 물보다 더 하였다는 말을 듣고 우리 모두는 예술가의 깊은 고뇌에 동감하며 숙연해진다.

술잔은 연거푸 겸재 선생 앞을 떠나지 못한다. 그를 위로하며 치하 드릴 길이 한 잔 술을 드리는 일밖에 없어서다.

내친김에 우리는 유상곡수의 원조 격인 경애왕을 부르자고 했다.

"나라는 위태로운데 어찌 신하들을 거느리고 포석정에 앉아 술잔만 기울였단 말이요."

미처 좌정도 하기 전에 성미 급한 어느 회원이 묻는다.

"대체 무슨 소리를 하는 거요. 그런 소리 하려면 난 이 자리에 앉을 필요도 없소. 그냥 가겠소."

경애왕은 앉지도 않고 그냥 휑하니 나간다. 아무리 시대가 바뀌어도 그렇지 왕을 불러다 놓고 그런 무례는 없다. 다급해진 나는 경애왕의 옷자락을 붙잡고 늘어지며 무례함을 용서해 달래면서 하실 말씀이 있거든 지금 해야만 된다고 설득한다.

"당신들뿐 아니라 내 천년 동안 억울하기 짝이 없는 소리에 잠 못 들고 있다오. 뭐 내가 견훤이 쳐들어오는데도 신하들과 술이나 먹고 놀고 있다가 나라를 망하게 만들었다고. 천만의 말씀 마시오."

경애왕은 술잔부터 든다. 그러나 연잎 위에 있는 그 작은 잔으로는 성이 차지 않는지 항아리에서 큰 사발로 퍼 오게 하여 꿀꺽 꿀꺽 몇 잔을 마시고 나더니 폭포수처럼 울분에 찬 이야기를 쏟는다.

"당시 나라 사정이 무척 좋지가 않았소. 화랑의 기강은 무너지고 백제나 고구려의 유민들이 자주 일어나는 바람에 국력은 약화 되었소. 유민들과 함께 세력을 키운 견훤이 쳐들어온다는 말을 듣고 나는 우리의 성지인 포석정에 나가 이 나라를 구해 주시사고 하늘에 제사를 드리고 있던 중이었소.

때는 엄동설한인 동짓달이었소. 그 추위에 내가 무슨 연회를 한데서 베풀고 앉아 있었겠소. 이걸 말이라고 믿고들 있소. 그 불한당 같은 견훤이 우리 신라의 천년 사직을 짓밟고 내 왕비와 궁녀들에게 얼마나 무지한 짓을 한 줄 아오.

내 그렇게 망한 것도 못 견디게 억울하고 수치스럽거든 거기다가 걸핏하면 조그만 초등학생까지도 신라의 경애왕은 적이 코앞까지 당도했는데도 포석정에서 술판이나 벌이고 앉아 놀다가 멸망을 당하였다고들 하니 정말 이 억울함을 어디에 하소연을 해야 할지 모르겠소."

아무리 나라를 잃은 왕이기로서니 그런 억울한 말을 천년이 넘도록 듣고 살아야 했던 경애왕의 입장을 들으니 우리 모두가 너무도 무지했던 역사에 대해 할 말이 없다. 포석정이 이렇게 여유롭게 앉아 유상곡수나 하는 그런 장소만이 아니었다는 사실도 처음 알게 되었다.

원로 시인 S선생이 재빨리 술잔을 올린다.

"왕이시여 원혼을 푸소서. 억울함을 우리가 풀어 드리리다."

경애왕은 여전히 얼굴의 노기를 거두지 못한다.

"왕이시여, 여기 모인 우리가 모두 시인과 수필가올시다. 왕의 말씀을 들었사오니 사실을 밝히오리다. 왕께선 마지막까지 나라를 구하고저 힘을 다했노라 알리리다."

나 역시 고개를 숙여 용서를 빌며 그 억울함을 푸시길 간청했다. 옆에서 잠자코 앉아 있던 겸재 선생이 입을 연다.

"이 겸재 역시 이제야 모든 걸 제대로 알게 되었습니다. 허나 내 붓이 이미 멈춰 있음이 한이옵니다. 그러나 여기 모인 이 문인들을 믿으소서."

그리고 천하 명산인 이 금강산 자락에 모여 앉아 이렇게 묵은 한도 풀었으니 모두들 건배를 하자고 외친다.

무겁던 분위기는 바뀌어 가고 연잎 위에 나붓이 앉아 있는 술잔을 높이 들고 우리는 모처럼 유쾌하게 웃는다. 2월의 물가는 오소소한 한기를 담고 있지만 우리 모두의 얼굴은 불그레 꽃물이 들어간다.

4.

환란의 외줄타기

브로모의 일출

새벽 3시, 앞도 보이지 않는 길을 나선다. 적도의 나라 인도네시아에서 우리나라의 한겨울 차림새다. 스웨터와 오리털 파커에 캐시미어 목도리까지 단단히 둘렀다.

인도네시아 동부 자바섬 수라바야 가까이에 있는 브로모산, 해발 2,800m의 정상을 향해 나선 것이다. 브로모산은 현재도 활동하고 있는 활화산이다. 몇 해 전에도 큰 화산 폭발이 있어 수십 ㎞ 떨어진 곳까지 화산재가 나르고 분화구 주변이 변형된 곳이다. 해발 2천 미터쯤의 산 중턱에 자리한 호텔에서 몇 시간 눈을 붙이고 마당에 대기하고 있던 지프차를 타고 구불구불한 산길을 오른다.

가는 길에 드문드문 만나는 사람들이 있다. 커다란 대바구니에 양배추나 감자를 가득 담아 양 어깨에 메고 시장을 향해 가는 이 고산지역에 사는 뚱그르족들이다. 체구도 작은 사람들이 자기 키 만큼이나 큰 바구니를 메고 앞도 보이지 않는 어둠을 뚫고 산길을 내려오고 있다.

여자들도 머리에 커다란 바구니 가득 짐을 이고 서너 명씩 무리를 지어 산속에서 계속 나온다. 이 고산지역은 열대지방에서 재배하기 어려운 감자와 양파, 양배추 등을 키워 내고 있다. 자바섬에서 필요한 양파와 감자, 양배추는 모두 이곳에서 생산된다.

이 브로모산에 사는 뚱구르족들은 힌두교도들이다. 16세기경 자바섬에 살던 힌두교도들은 이슬람에게 밀려 대부분 발리로 쫓겨 갔고 일부가 이 산속으로 들어 와 살고 있다. 이들은 화산재로 비옥한 이 땅을 일궈 농사를 짓고 산다. 그러나 경사가 급하고 높은 산이어서 농토가 전혀 없었다. 그럼에도 불구하고 경사가 70도 가까이 되는 곳까지 계단식 밭을 일궈 농사를 짓고 있다. 어떻게 저런 비탈에 밭을 일궈 농사를 짓는지. 도저히 불가능해 보이는 땅에도 그림처럼 아름답게 농작물이 자라고 있다.

적도 아래의 이곳 인도네시아는 1년 내내 새벽 5시에 해가 뜨고 저녁 5시에 해가 진다. 일출을 보기 위해선 서둘러야 한다. 브로모 산은 13년 전에도 왔던 곳이다. 그땐 지금 코스완 반대코스였다. 정상에서 차를 내려 말을 타고 분화구 아래까지 가서 수 백 개의 계단을 올라가 분화구 꼭대기에서 일출을 만났었다.

짙은 유황냄새와 연기가 눈을 뜰 수도 없을 정도였고 매케한 화산재로 숨조차 쉴 수 없었다. 거대한 분화구를 내려다보며 금방이라도 덮쳐버릴 것 같은 무서운 공포 속에서도 일출을 보겠다고 달달 떨리는 다리로 분화구 가장자리를 타고 오르던 기억이 지금도 선명하다.

이번에는 해발 2,700m의 쁘난자깐 전망대로 갔다. 이곳에서 바라보는 브로모의 화산은 또 다른 감동으로 다가온다. 잿빛 가스와 옅은 안개에 싸인 거대한 분지 가운데에 암갈색의 주름치마를 펼쳐 놓은 듯한 분화구들이 수백 미터의 발아래 자리 잡고 있다.

검은 모래사막 가운데에 우뚝 솟아 올라온 높이 300m의 바톡봉은 영락없이 컵을 거꾸로 세워놓은 형국이다. 그 옆으로 긴 다리 모양의 다렘봉과 의자 역할을 하는 쿨시봉이 하나로 어우러져 있다. 지름만 800m가 넘는다는 바톡봉의 분화구에선 지금도 여전히 회색 연기가 피어오르고 있다.

멀리서 흰 연기를 내뿜고 있는 높은 봉우리는 해발 3,376m

의 세메루 산이다. 자바섬에서 가장 활발한 화산 가운데 하나며 수시로 뜨거운 가스를 뿜어 내기도 하고 항상 용암 분출 가능성이 있는 곳으로 40분에 한 번씩 흰색의 가스가 솟아올라 장관을 연출한다.

누군가 인도네시아의 화산들을 지구의 숨통이라고 했다. 이곳에서 이 여러 화산을 한눈에 바라보고 있노라니 정말 지구가 숨을 쉬고 있다는 생각이 들었다. 뜨거운 마그마가 가득한 지구가 이 화산을 통하여 숨을 쉬지 않으면 순식간에 폭발할지도 모른다.

아직 해가 뜨려면 멀었는데도 이곳에는 벌써 많은 사람들이 모여 있다. 저마다 사진 찍기 좋은 자리를 잡아 카메라를 설치하고 언 손을 호주머니에 찔러 넣고 서성거린다.

밤새 말랑에서 오토바이를 타고 왔다는 젊은이들이 모닥불을 피워 놓고 추위를 녹이고 있다. 온몸을 검은 천의 리캅으로 싸고 있는 말레지아에서 왔다는 젊은 이슬람교도 부부가 있다. 파커를 입고 아빠의 손을 잡고 방긋 웃는 두 딸이 정말 예쁘다. 리캅 속에 감추어져 있을 아름다운 모습의 여인을 상상해 본다. 네델란드에서 이곳까지 찾아온 여행객들과 호주에서 온 청년들 이렇게 이곳의 일출을 기다리는 사람들은 다국적이다.

해는 어김없이 5시가 되자 떠오른다. 모두가 탄성과 환호를 지르며 카메라의 셔터를 눌러댄다. 산 오른편 지평선에서 아득히 빛 자락이 스며드는가 싶더니 피를 토해내듯 강렬하게 떠오르는 햇살은 금세 땅에 내려 앉아 있는 구름들을 선홍빛으로 물들여 버린다. 하늘과 산이 붉은 빛으로 물들어 가는데 분화구가 누워있는 분지엔 아직 은빛과 회색 구름이 분화구 주변을 가득 감싸고 있다. 잠시 후 해가 좀 더 떠오르자 분화구 주변이 변하기 시작한다.

분화구 주변은 해가 떠오른 각도에 따라 참으로 몽환적인 분위기로 물들기 시작한다. 한지에 수채화 물감을 가득 풀어놓고 칠해가듯 분화구 주위의 구름들이 물들어간다. 시시각각 암갈색에서 청담색으로 청담색에서 황금색으로 변하고 있다.

칼데라 지형인 이곳에서만 볼 수 있는 아주 특이한 장관이다. 아, 이 빛의 오묘함과 신비함. 오직 자연만이 연출할 수 있는 빛과 색상과 풍광이다. 공상과학 영화에 나오는 우주의 광경이 이럴까. 아니 태초에 하나님이 천지를 창조하셨을 때의 빛이 이러하지 않았을까. 저절로 이는 경외심으로 숨조차 멎어진다.

이래서 브로모의 일출을 세계 제일의 일출로 말하나 보다. 이 장관을 보기 위해 지구 반대편에서도 기꺼이 이곳을 향해 수많은 사람들이 오는 이유를 이제야 알겠다.

해가 떠오르고도 한참이 지났건만 아무도 자리를 뜰 생각을 하지 않는다. 모두들 아무 말도 하지 않는다. 그렇다. 이 위대한 자연 앞에 무슨 말이 필요하겠는가. 그저 무릎을 꿇고 감동의 눈물을 흘릴밖에….

좋은 추억 하나쯤

예니 자매가 한국에 온 지 석 달 만에 처음으로 일하러 오는 날이다. 일이라고는 하나 오늘 하루 유치원 청소하는 일이다. 의정부에서 중화동까지 오는 길을 자세히 설명은 해 주었지만 한국어라곤 '감사 합니다' 밖에 할 줄 모르는 그녀들이 제대로 찾을 수 있을까 걱정이었다.

나는 만나기로 약속한 시간보다 30분이나 일찍 가서 기다렸다. 행여 나보다 먼저 도착한 그녀들이 당황해 할 것을 염려해서다. 10분 정도 기다리니 다행히 그들이 무사히 찾아 와 주었다.

지난 연말에 단 사흘의 관광 비자를 얻은 예니 세 자매가 인도네시아에서 무작정 짐 보따리를 들고 우리 교회로 찾아왔다. 의정부에 있는 인도네시아 교회에만 오면 일단 잠자리와 먹을 것이 해결 되고 취직도 할 수 있다는 이야기를 듣고 누구에게서 얻은 복제 열쇠와 주소만 들고 전혀 일면식도 없는 우리 교회에 그야말로 무작정 들어온 것이다.

우리 부부는 너무도 어이없고 무모한 그들을 보면서 황당했지만 기왕 취직을 하겠다고 작정하고 이렇게 찾아온 사람들에게 할 수 있는 대로 최선을 다해 도와주기로 맘먹었다. 그러나 그들이 생각했던 것처럼 일자리가 금방 나오지도 않을 뿐만 아니라 불법체류자를 고용하려고 하는 곳도 거의 없었다.

하루 이틀도 아니고 한 달이 지나고 두 달이 지나니 그녀들은 날마다 울먹이며 어떻게 하면 좋을까 걱정이 이만 저만이 아니다. 그도 그럴 것이 한국에 오기만 하면 금방 돈을 많이 벌 줄 알고 온 것이다. 돌아 갈 비행기표도 이미 못쓰게 되었고 이젠 집에 돌아가고 싶어도 비행기표 살 돈도 없다.

이들이 앞으로 우리나라에서 살아갈 일들을 생각하면 참으로 답답하기 짝이 없다. 가는 곳마다 얼마나 많은 냉대를 받으며 살아갈 것인가. 그리고 언제 어디서 붙잡힐지도 모른다는 불안감으로 지내야 한다. 50대의 나이에 공장에 들어가서도 힘든 일을 제대로 할 수 있을지도 의문이다.

이들이 이곳에서 몇 년씩 숨어 지낸다고 해도 결국 떠날 때는 가슴 가득 원망과 서러움과 힘든 기억만을 안고 떠날 것이다.

어제 한국에 온 지 6년이 된 화순이 잡혀 갔다. 그 역시 관광비자를 발급받아 무조건 눌러 앉은 사람이다. 인도네시아에서 고등학교 교사였던 화순이지만 이곳에서 지내는 동안 참으로 말 못할 고생을 많이 했다. 어찌어찌 공장에 들어가면 말은 알아듣지 못하지 나이가 많아 힘든 일도 제대로 못하니 며칠 일하다 쫓겨나기 다반사이고 월급을 제대로 받지도 못했다.

염색공장, 가구공장, 사출공장 등 그가 거쳐 온 공장이 수십 군데이다. 3년 전 겨울에는 완도의 김양식장까지 가서 매서운 겨울 바닷물에 온몸을 적셔가며 생애 가장 추운 겨울을 보내고 오기도 했다. 그런가 하면 여름밤 역시 그들의 고국인 적도 아래보다 더 무더운 밤을 보내곤 했다. 대부분의 공장 숙소는 컨테이너로 만든 임시 숙소인데 겨울엔 춥고 여름엔 정말 무덥다.

하지만 아무리 고단하고 힘들어도 일자리만 계속 있으면 좋으련만 그렇지가 못했다. 몇 해 동안 집에 가지 못해 가족이 보고 싶고 그리운 거야 말할 수 없다. 그래도 견디며 참아야 했다. 한 번 가면 끝이기 때문이다. 아직도 1, 2년쯤 더 돈을 벌다가 갈 생각이었다.

그런데 지난 토요일 밤에 피로를 풀기 위해 사우나에 간 것이 탈이었다. 찜질을 하고 한잠 들었었다. 잠결에 옆에 있는 사람에게 발길질을 한 모양이다. 자고 있던 화순에게 느닷없이 주먹이 날아들었다. 그는 영문도 몰라 멍하다가 너무 화가 나서 덤볐단다. 그렇게 시비가 되고 경찰에 신고가 되었다. 당장 불법이 밝혀져 다음날로 출입국 사무소에 수용이 되어 강제 출국을 당하게 된 것이다.

그가 한국에서 지낸 6년의 세월 동안에 한국에 대하여 무엇을 보고 무엇을 느끼고 떠날까.

그가 만난 한국인들 가운데 가슴 따뜻한 친구 같은 사람을 단 한 사람이라도 만났을까. 한국의 아름다운 풍광이나 풍습 또는 인정을 어디서 맛보기나 했을까.

그는 긴 시간을 이 땅에서 있었지만 한국에 대하여 며칠 있다 간 여행객보다 더 아무것도 못 보았고 제대로 알지도 못하고 떠나게 되었다. 그가 만난 사람들은 거의가 영세 공장주였고 불법체류자들에게 인간적으로 따뜻하게 해 줄 만큼 모든 상황이 여유롭지 못했다. 공장에서 부당한 대우와 인격적인 모욕을 얼마나 많이 받아 왔던가. 욕설과 구타까지 당한 일도 있었다. 그래도 어디에 가서 하소연 할 곳도 없는 게 불법체류자라는 서러움이었다. 이런 그가 어쩜 한국인들이라면 비인간적이고 잔혹하다는 이미지를 안고 가는 것일지도 모른다.

돌이켜 보면 우리 역시 그와 개인적으로 깊이 있는 대화를 나누어 주지 못했으니 좋은 친구였다고 말할 수 없다. 그가 일자리가 없을 때 잠자리와 먹을 것을 제공해 주고 월급을 못 받아 쩔쩔 맬 때 월급을 받아주고 몸이 아플 때 돌봐 주었다. 그러나 이것은 어디까지나 공식적으로 '우리는 당신들을 위해 이런 일을 하겠소'라고 선포해 놓고 해온 일에 불과하다. 그의 시린 가슴까진 만져주지 못했다. 아니 좋은 추억 하나도 만들어 준 것 같지 않다.

그동안 가족이 무척이나 그리웠을 것이다. 그러니 차라리 잘 되었다는 심정으로 떠났으면 싶다. 그동안 그래도 건강하게 잘 지내고 어느 정도의 돈을 벌어 아이들이 대학을 다 마치게 된 것을 감사하며 떠났으면 한다.

교회에 있는 그의 짐을 싣고 면회 가는 날 오랜만에 봄비가 흠뻑 내렸다. 긴 겨울을 깨우고 봄을 재촉하는 봄비엔 생명이 가득하다. 이 봄비처럼 화순의 가슴 속에도 고국에 돌아가서 새롭게 시작할 새 희망으로 가득하였으면 좋겠다. 그리고 한국에서의 추운 겨울 같은 추억일랑 이 비와 함께 흘려버리고 조금이라도 따뜻한 추억들을 안고 갔으면 좋겠다.

한국이 그리운 사람들

우리 부부가 자카르타의 공항에 도착하니 예니 자매가 나와 있었다. 예니는 한국에서 보던 모습과는 너무도 달라 처음엔 못 알아보았다. 그녀는 고급 혼다 리무진을 몰고 나왔고 당당하고 자신감 넘치는 모습이 전형적인 중국 귀부인을 연상케 했다. 예니의 딸이 자카르타에서 큰 부자로 잘 살고 있다는 이야기는 들었지만 이 정도의 차를 가질 만큼 부자인 줄은 미처 몰랐다.

3년 만에 만난 예니는 동생 레니와 함께 나왔는데 어찌나 반색을 하며 반기는지 마치 몇 년 만에 만난 친동기를 대하듯 했다. 먼저 우리를 태우고 딸네를 들르자고 한다. 약간 외곽에 자리한 그 집을 가는 데는 동네 입구에서부터 경비가 삼엄하였다. 카드가 있어야만 출입이 되고 경비초소를 몇 군데 거쳐야만 들어갈 수 있었다. 중국계인 예니의 딸은 수십 마리의 비단잉어가 거실 바닥에서 유영하고 벽에서 폭포가 쏟아지는 아주 고급 주택에서 호화롭게 살고 있었다. 예니는 딸네 식구를 모두 불러 모아 한국에서 귀한 목사님 부부가 오셨다며 인사를 드리라 했다. 학비가 2천불이 넘는 국제 학교에 다니고 있다는 예니의 손자들은 하얀 피부에 잘생긴 중국 아이들이었다.

인도네시아의 모든 경제는 중국계가 다 잡고 있고 중국인들의 부는 상상을 초월할 정도라는 말은 수없이 들었지만 막상 이렇게 잘 사는 중국인의 집을 방문하게 되니 이곳은 인도네시아와는 상관이 없는 별세계로 여겨졌다.

예니는 우리 부부에게 맛있는 저녁을 대접하고 호텔까지 데려다 주는데 자카르타의 교통은 정말 엉망이었다. 자동차와 오토바이가 뒤엉켜 꼼짝도 할 수가 없고 너무도 복잡하여 정신이 하나도 없었다. 그 복잡한 거리를 예니는 골목골목 잘도 알아 혼잡치 않는 곳으로 빠져 나오는데 그 운전 솜씨에 우리는 탄복을 할 정도였다.

몇 해 전 예니는 두 여동생들과 함께 의정부에 있는 우리 교회의 주소와 누군가에게서 건네받은 복사키를 들고 무작정 우리 교회로 찾아 왔던 사람이다. 어느 날 교회를 가보니 전혀 알지 못하던 세 중년의 여자들이 짐을 풀고 교회에서 숙식을 하고 있었다. 사연을 들어보니 한국에서 일자리를 얻어 돈을 벌고 싶어 여기저기 알아보던 중, 의정부에 있는 교회에 가서 있으면 숙식과 일자리를 얻을 수 있다는 말을 듣고 왔으니 도와달라는 것이었다.

한국어는 한마디도 못하고 불법으로 일자리를 구하는 그들에게 알선해 줄 수 있는 곳은 제대로 된 곳이 전혀 없었다. 무허가 공장이거나 아주 힘들고 열악한 환경 속에 아침부터 저녁 늦게까지 일해야 하는 곳 밖에 없었다. 세 자매는 이곳저곳으로 흩어져 열심히 일했다. 이들의 한국 생활은 먹고 자는 것 자체가 최악의 조건이었건만 잘 적응해 나갔다. 그러다가 막내가 먼저 불법 체류자로 적발되어 강제 출국을 당하고 나자 언니인 예니는 겁에 질려 우리 교회에서 한발자국도 나가지 못하고 몇 달을 숨어 지내기도 했다. 한국에 와 2~3년 동안 지내면서 그들이 만난 것은 날마다 강제 출국을 당하진 않을까 하는 두려움과 혹독한 추위와 힘든 일들뿐이었다. 거기다가 예니는 유방에 혹까지 생겨 외국인 무료 진료소에서 수술을 받기도 했다.

관광이나 쇼핑 한 번 해보지 못하고 숨어 지내던 한국생활에 넌더리가 날 법도 하거만 강제 출국을 당한 뒤에도 이들은 여전히 한국을 못 잊어 했다. 그리고 예니는 한국에서 일하다 귀국한 모든 사람들의 대모 역할을 자청하여 하고 있다. 인도네시아는 워낙 땅이 크기 때문에 어디를 가든 거의 자카르타를 거쳐 국내선을 이용해 고향에 가는 사람이 많다. 누군가 귀국한다는 소식만 들으면 공항에 나가 그들을 픽업하여 자기 집에서 하루 이틀이라도 재우고 자카르타 시내 구경도 시켜주고 고향에 갈 비행기를 태워 보내는 일을 도맡아 하고 있다.

그녀의 휴대폰이 연신 울린다. 자카르타 가까이 사는 뿌지. 빈땅 알렉스에게 우리가 왔으니 모이라고 연락을 했다는 것이다. 그들은 수시로 연락을 하며 한국에서 지내던 이야기를 나눈다고 한다.

이튿날은 레니와 레니의 아들이 호텔로 찾아왔다. 자카르타에서 직장에 다니고 있는 레니의 아들은 우리 부부를 위해 이틀간의 휴가를 내어 차를 운전해서 우리를 구경시켜 주기로 했다는 것이다. 괜히 신세를 지고 싶지 않아 만류했으나 이들의 계획은 이미 실현 중이었다.

자카르타에서 3시간 거리에 있는 보고르에 갔다. 해발 1천미터가 넘는 이곳은 원시림 같이 울창한 삼림속이 시원하고 여기 저기 맑은 물이 폭포처럼 흘렀다. 숲속은 사자나 호랑이 같은 맹수만 우리에 들어있고 나머지 동물들은 모두 다 자연 상태로 방사해서 있는데 차가 지나면 동물들이 슬슬 차로 다가온다. 관광객들이 주는 당근을 받아먹으려고 차안에까지 고개를 들이미는 리마. 새끼를 거느린 기린 가족. 얼룩말들. 그 종류가 150여종이고 숫자도 아주 많았다. 규모로나 숫자로 세계 최고라는 찬사를 들을 만큼 대단한 사파리였다. 워낙 넓은 땅과 아름다운 자연을 갖은 이 나라가 참 부럽다고 느껴지는 순간이었다.

레니의 집이 있는 반둥에 갔다. 반둥은 인도네시아에서 가장 살기 좋은 곳 중의 하나다. 경치와 기후가 좋아 중국계와 외국인들이 많이 살고 있다. 도로엔 고급 승용차가 가득하였다. 백화점엔 세계적으로 유명한 명품들이 화려하게 진열되어 있었고 사람들은 북적거려 활기차 보였다. 레니의 집은 크고 좋은 2층 집이었다. 차고엔 가족 수대로 차가 있고 화공 약품 가게를 운영한다는 남편은 성실하고 착해 보였다.

이 정도면 인도네시아에선 아주 잘 사는 사람들이다. 이런 사람이 왜 굳이 한국까지 와서 그리 고생하며 돈을 벌려고 했느냐고 물으니 인도네시아에선 아무리 일해도 한국에서처럼 돈을 벌지 못한다며 지금이라도 다시 한국에 가서 일할 수만 있다면 가고 싶다고 한다. 이곳에 와서도 레니는 애완견을 30여마리나 키워 팔고 있으며, 한국인 학생들 등하교 운전까지 아르바이트로 하고 있는 것을 보니 중국인 특유의 돈에 대한 집

착이 아닌가 하는 생각이 든다.

수라바야 사택으로 돌아오니 슬라웨시의 마나도에 사는 해리에게서 전화가 왔다. 지금 막 자카르타와 반둥에서 예니와 레니를 만나고 돌아오는 길이라고 하니 대뜸 자기네가 사는 마나도엔 왜 오지 않느냐고 한다. 언젠가 한 번 가겠다고 하자 언제 올 건지 날짜를 정하라고 한다. 수천 킬로 떨어진 그곳까지 간다는 것은 그리 쉬운 일이 아니다. 그런데도 꼭 오라는 당부를 거듭 거듭한다.

인도네시아 수마트라에서 자바섬과 슬라웨시 그리고 깔리만탄까지 그 방대한 나라의 전역에 흩어져 있는 우리 교우들. 그들을 다시 만나고 싶고 믿음이 잘 자라도록 돌아보고 싶은 마음이야 가득하지만 현실적으로 거의 불가능한 일이다. 이들에게 우리가 해준 것은 아무것도 없다. 그런데도 그들은 한국에서 지내던 생활을 잊지 않고 매우 그리워하고 있다. 힘들고 어려웠던 기억보다는 그들에게 삶의 변화와 희망을 갖게 해준 기회의 땅으로 감사하며 살아가고 있다. 그러기에 그들의 집을 찾으면 한결같이 걸려 있는 사진이 있다. 거실 한가운데 우리 내외와 함께 찍은 의정부 교회의 사진이 마치 그들이 한국을 다녀간 훈장처럼 걸려 있고 이 사진을 바라보며 자랑스러워하고 있다. 한국은 여전히 그들에게 꿈을 꾸게 하는 나라로 남아 있다.

아직도 쫓겨나신 하나님

1. 빠므카산 빤타코스타교회

마두라를 향하는 마음은 언제나 무겁다. 수라바야와 마두라에 이젠 다리가 놓여 있어서 전보다 편하게 마두라에 갈 수 있다. 페리호를 타고 가던 바다를 순식간에 지난다. 여전히 아름다운 야자수와 풍성한 이파리의 담배나무가 풍요로워 보이는 땅, 검은 소들이 논밭에서 쟁기를 메고 농사일을 하는 평화로운 이 땅에 다시 왔다.

인도네시아 어느 땅인들 남편이 사랑하지 않는 곳이 있으랴마는 유난히도 더 사랑하는 땅 이곳 마두라. 눈물을 가장 많이 흘리게 하는 곳. 늘 마음이 아픈 곳. 그러기에 하나님의 사랑과 은혜가 제일 많은 곳이 아마 이곳이 아닐까?

벌써 10여 년 동안이나 문이 닫혀 이젠 완전한 폐가가 되어 버린 빠므카산의 빤타코스타 교회를 찾아 나선 길은 너무도 마음이 답답하다. 마당엔 키가 훌쩍 커버린 야자수와 온갖 잡초들이 무성하여 언제 이곳에 사람이 드나들던 곳이었나 할 정도다. 녹슨 철대문은 이젠 다 삭아있고 교회당의 지붕 위에까지 이끼와 풀이 가득하다.

동네 한가운데 있어서 주민들이 여전히 교회이웃에 살고 있지만 오랫동안 비워져 있는 교회는 동네의 흉물처럼 보였다. 이곳에서 20여 년을 목회하시던 유삭 목사님 가족도 이젠 이곳에 계시지 않는다.

그리 크진 않지만 80여 명의 성도들이 모여 아름다운 예배를 드리던 교회. 마지막까지 교회를 잘 유지하려고 안간힘을 쓰면서 교회를 지키던 유삭 목사님. 그러나 결국 마을 주민들이 교회가 단지 시끄럽다는 이유 하나만으로 재판을 당하여 쫓겨나고 말았다.

이곳 마두라는 인도네시아에서도 가장 극렬한 회교도들이 있는 곳이다. 전체 주민의 99.9%가 회교도들인 이들은 교회에 온갖 박해를 다한다. 새로 교회당을 짓는다는 것은 상상도 못한다. 인도네시아에서 교회를 신축하려면 주민의 동의를 얻어야만 되는데 회교도들이 99.9% 이상인 이곳에서 주민의 동의를 얻는다는 것은 전혀 가망이 없는 일이다.

그런데 이미 있던 교회마저 이렇게 내쫓고선 다시는 들어오지 못하게 방해를 하고 있는 곳이 이곳 마두라지역이다. 마두라 지역에는 현재 9개의 교회가 있다. 이중 2개의 큰 교회는 주로 중국인들이 모이는 교회이고 나머지는 현지인들의 교회인데 중국인의 교회는 크고 많은 사람들이 모여 어느 정도 자유롭게 예배를 드린다. 그러나 나머지 교회들에 대한 박해는 정말 말할 수 없을 정도다.

우리가 지원하던 교회 4군데 중 3개가 이미 예배당에서 쫓겨나 가정에서 예배를 드린 지 10여 년이 지났지만 아직도 돌아가지 못하고 있는 현실이다. 그런데 가정에서라도 예배를 드리던 빠므카산의 빤타코스타 교회는 유삭 목사님이 견디지 못하고 자카르타로 이사를 가셨다. 주민들의 감시가 심해 교회 사택도 뒷문으로 드나들며 가정을 돌아다니며 주일 예배와 저녁 예배만 드리고 있는데 언제 어떤 일이 생길지 알 수 없는 불안감 속에서 하루하루를 보내고 있다던 유삭 목사님. 양떼를 버리고 떠나야 하는 그분의 마음이 얼마나 아프셨을까? 녹슨 대문을 붙잡고 하나님께 언제까지 이렇게 보고만 계시겠느냐고 항변을 해본다. 그러나 하나님의 어떤 계획이 있으실 것을 알기에 그리고 우리에게 '내 양을 먹이라'며 십자가를 지시고 걸어가신 주님을 알기에 그냥 돌아선다.

빠므카산을 지나 스므늪으로 가는 길은 산 하나 없이 평지로 이어지며 바닷가를 끼고 있어 무척 평화롭고 아름답다. 한가롭게 고기잡이 하는 배들과 조개를 캐느라 갯벌에 엎드려 있는 여인들을 바라보고 있노라면 이렇게 아름다운 곳이 지구상에 또 있나 할 정도건만 빠므카산의 교회를 거쳐온 나의 눈에는 전혀 아름답지도 평화로워 보이지도 않는다.

순박하게 웃어주는 저들의 속마음이 무섭고 정말 가까이 하고 싶지 않은 무서운 사람들로만 보인다. 저런 사람들을 위해 언제까지나 이곳을 향하여 울부짖으며 하나님을 믿으라고 외치는 자가 되어야 한단 말인가. 그들이 하나님을 믿지 않고 지옥을 가든 말든 무슨 상관이란 말인가. 새벽마다 몇 시간씩 마두라 이 땅을 향하여 흘린 눈물이 얼마인가?

2. 스므늪 빤타코스타 교회

이곳의 주도인 스므늪에 왔다. 날씨는 너무 더워 지칠 대로 지쳤는데 호텔이라고 들어간 곳은 여전히 엉망이다. 전보다 더 낡고 더 지저분해진 이름만 호텔인 이 숙소에서 왜 나는 또 이들을 위해 눈물로 기도하게 되는지 모르겠다.

스므늪엔 아직도 가정으로 돌아다니며 예배를 드리는 교회가 두 군데 있다. 이곳 역시 예배당을 빼앗기고 가정에서 예배드린 지 10여 년이 되었다.

스므늪 빤타코스타 교회는 성도들이 예나 지금이나 여전하다. 다만 연로하신 운뚱 목사님이 그만 두시고 그 아들 되신 목사님이 교회를 맡아서 운영하고 있다. 그러나 교회당을 다시 회복할 기미는 전혀 없고 그나마 이렇게 가정에서라도 여전히 예배를 드리고 성도들을 돌아볼 수 있게 되는 것에 감사하며 지내고 있는 실정이다.

10평도 안되어 보이는 작은 거실에 50여 명의 성도들이 다닥다닥 붙어 앉아 드리는 예배. 서로의 몸이 맞닿아 있고 설교하는 목사님의 등이 벽에 바짝 닿아있다. 온몸에 땀이 줄줄 흐른다. 35도의 무더위 속에 이렇게 바싹 붙어 앉아 있으니 찜통이 따로 없다.

그러나 성도들의 기도와 찬양엔 힘이 있고 말씀을 사모하는 모습 속엔 여전히 희망으로 가득하다. 말씀에 모두들 '아멘'으로 화답하며 뜨겁게 기도하는 저들의 힘은 어디서 나오는 것일까? 환난과 핍박 속에서도 믿음으로 살아가려고 애쓰고 있는 사랑하는 성도들을 보면서 너무도 편하고 안일하게 믿음생활을 하고 있는 나 자신에 대해 부끄러움을 느꼈다.

옛 로마시대 박해 속에서도 믿음을 지키며 묵묵히 견디어내던 성도들처럼 그저 묵묵히 주님의 뜻을 기다리며 순종하는 모습들이 너무도 거룩하고 아름다워 보인다. 이들은 현실 속의 어둡고 안타까운 모습보다는 영원한 하나님 나라의 승리를 확신하며 기쁨으로 나아가는 모습이 역력하다. 그런 믿음이 있기에 이렇게 오랫동안 믿음을 잃지 않고 잘 견디어 내는 것이 아닌가.

은혜를 갈망하는 저들에게 참된 복음을 증거하는 우리 목사님의 설교도 열정적이다. 하나님은 크고 훌륭한 예배당보다는 이곳에 먼저 임하실 것이란 생각이 든다. 그렇다. 냉방시설이 훌륭하고 오케스트라와 함께 웅장한 음악으로 드리는 멋진 예배보다는 주님이 오실 때에 계셨던 초라한 말구유 같은 이런 곳에서의 예배에 하나님의 은혜가 더 넘칠 것이다.

오, 주여 어서 오시옵소서.

3. GSPII 교회

GSPII 교회는 아직까지 유습 목사님이 계셔서 다행이다. 그동안 식구가 늘어 넷이다. 아이들이 많이 자랐다. 젊은 종이 견디어 낼 수 있을까 염려했는데 다행히도 잘 견디며 목회를 하고 있어 얼마나 고마운지 모른다.

교회당은 여전히 폐가처럼 되어있지만 뒤편의 사택은 그냥 그대로 쓰고 있다. 이 유습 목사님 때문에 이번에 우리 목사님이 다시 인도네시아로 오게 되었다. 그가 졸업한 학교가 에프라타 신학교인데 시설 미비로 폐교 위기에 있다며 좀 도와주었으면 하고 원했던 것이 계기가 되었다.

절대로 양떼를 버리지 않을 것이라던 그가 이렇게 험하고 힘든 곳에서 10여 년이 지나도록 잘 견딜 줄은 몰랐다. 마두라인도 아닌 그가 이곳에서 잘 하면 한 3년 지나다 가겠거니 했는데 정말 의외로 잘 견디는 것을 보면서 어떻게 하면 그의 힘이 되어줄 수 있을까가 우리의 관심이 되었다.

교회당을 다시 회복한다는 것은 요원한 일이라도 그는 열심히 성도들의 가정을 방문하여 성경공부와 집회를 게을리 하지 않는다. 성도들의 목사님에 대한 신뢰도 높고 모두들 한마음으로 기도하며 목사님에게 순종한다. 그렇다. 우리가 예배하는 처소가 꼭 중요한 것만이 아니다. 어디서 예배하든 하나님이 함께하시는 예배야말로 가장 신실한 예배가 아닌가?

나는 왜 교회당을 쫓겨나고 가정에서 유리하는 자들처럼 떠돌며 예배를 드리는 모습을 보며 하나님이 쫓겨나셨다는 표현을 했을까? 아니다. 하나님은 쫓겨나신 것이 아니고 하나님이 더욱 함께하시며 돌보시는 것이다. 하나님은 훌륭한 건물 안에 계시지 않는다. 간절히 사모하며 온 맘과 온 힘을 다하여 예배하는 자와 함께하시며 그들에게 은혜를 베푸신다는 것을 왜 알지 못하는가. 사람의 눈으로 보며 사람의 생각으로 안타까워하던 심령 가운데 하나님이 평안을 주신다. 이 모든 상황가운데서도 하나님의 은혜를 바라보아라. 함께하시는 하나님을 보아라.

성령의 음성이 내게 책망하신다. 하나님은 쫓겨나신 것이 아니라 오히려 더 가까이 함께 하신다. 하나님은 마두라 땅을 어느 곳보다 더욱 사랑하고 계신다.

노피, 이짜 그리고 쁘라다

만남과 이별이 반복되는 곳. 이곳이 바로 우리가 섬겨오는 인도네시아 교회다. 그런데 오늘은 이들과 아주 이별을 하게 되었다. 마지막 예배. '마지막'이라는 말처럼 슬픈 단어가 어디 있을까. 그 말을 쓰게 될 줄이야. 우리가 먼저 선언하고 문을 닫게 될 줄은 예상하지 못했었는데….

누가 문을 닫으라고 한 것도 아닌데 계속 눈물이 난다. 아, 이들과 어찌 이별할까. 당장 다음 주부터 이들이 어디에 가서 예배를 드리고 모임은 어디서 하며 쉼터는 어찌 할꼬. 너무도 미안하고 할 말이 없어 고개를 들 수가 없다.

"여러분 이제 우리 인도네시아에 가서 만나요. 목사님이 수라바야에 있으니 언제든지 연락하면 만날 수 있어요. 그리고 한국에 있는 동안 여러분끼리 서로 연락하여 계속 모이고 다른 교회라도 열심히 나가길 바랍니다. 모두 건강하게 잘 지내길 기도 할게요."

7년 전 우리는 한국에 와 있는 인도네시아 이주 노동자들을 위해 교회 겸 쉼터를 이곳 의정부에 세웠다. 처음 교회를 세우고 보니 할 일이 아주 많았다. 그때만 해도 한국에 오는 노동자들의 숫자도 많았고 한국어를 전혀 모르고 오기 때문에 모든 문제를 다 해결해 주어야만 했었다. 공장에서 애로사항이 생기면 밤낮을 가리지 않고 전화를 했다. 의사소통이 되지 않으니 사소한 문제까지도 일일이 가려주지 않으면 큰 오해로 바뀌기 때문에 이리 저리 분주히 뛰어야 했다.

3년이 지나지 않아 우리 교회는 인도네시아 현지까지 널리 알려졌다. 무슨 일이 생기면 무조건 목사님을 찾을 것. 그리고 일하다 마땅치 않으면 교회의 쉼터에서 쉬면서 다른 공장에 취직을 부탁할 것. 다치거나 월급을 못 받을 때도 목사님께만 전화하면 된다. 심지어는 한국에 가서 불법으로 지내고 싶다면 갈 곳은 바로 의정부에 있는 인도네시아 교회이니 이 열쇠를 가지고 가서 마음 놓고 지내도 된다, 등등.

우리는 알지도 못하는 사이에 이렇게 소개되어 실제로 수백 개의 교회 열쇠가 복사되어 이 사람 저 사람의 손에서 오고 갔고 관광비자를 얻어 잠시 왔다 주저앉은 사람들이 가장 중요하게 챙기는 것이 의정부 주소와 열쇠였다. 난생처음 한국에 오는 사람이 공항에 도착하여 곧바로 가방을 들고 아무 때나 들어오는 곳이 우리 교회였다.

모두 자기 집처럼 그렇게 편히 사용하던 곳을 문을 닫게 되었으니 정말 미안하고 할 말이 없다. 며칠 전 이제 목사님이 인도네시아 현지 신학교로 가시게 되어 부득이 문을 닫게 되었다고 했을 때 별안간 교우들은 숨소리조차 내지 않고 조용하였다. 마치 날벼락을 맞은 듯 한참이나 조용하던 그 모습이 우리의 마음을 더 아프게 했다. 당연히 물어볼 줄 알았던 말들이 없었다.

'왜 별안간 문을 닫게 되었나요. 그럼 이제 우린 어디로 가야 하나요. 어떻게 이럴 수가 있어요.'

할 말이 얼마나 많을까 마는 아무도 아무 말도 묻지조차 않는다. 하긴 이들이 물었다면 우린 대답할 말도 없었다. 정말 문을 닫아야 할 분명한 이유를 댈 수가 없었기 때문이다. 물론 굳이 내세운다면야 수라바야 현지에 있는 에프라타 신학교가 현재 존폐위기에 있어서 우리가 직접 가서 도와주어야만 한다는 이유가 있긴 하다.

문을 닫게 된다고 하니 노피가 제일 섭섭해 하며 울먹인다.

우리도 노피가 가장 걱정이다. 다른 사람들은 그래도 나름 이곳 생활에 잘 적응도 하고 한국어도 어느 정도의 의사소통은 하고 지내지만 노피만은 예외였다. 이곳에 온 지 3년이 되었는데도 여전히 한국어를 못한다. 매주일 교회에서 한국어를 가르치고 있지만 노피는 공부엔 아주 질색인지 슬그머니 방에 들어가서 피곤하다며 꾀를 부리곤 했다. 그런 노피인지라 공장 일이 끝나기가 무섭게 교회로 달려와 친구들과 함께 먹고 싶은 고국 음식도 해먹고 모국어로 실컷 떠들어 가며 지내곤 했었다. 여름휴가 기간에도 꼼짝 않고 교회에 앉아 일주일을 지낼 정도이니 이곳이 문을 닫으면 정말 어떻게 지낼까 걱정이다.

로베르또 역시 그 큰 눈에 눈물이 그렁그렁하다. 천안에서 1시간 30분도 더 들어간다는 곳에서 한 주도 빠지지 않고 서너 시간씩 걸려 교회에 오곤 하는 사람이다. 일주일을 오직 교회에 오는 날을 기다리며 살아가는 사람처럼 지내왔다. 3년 차로 이젠 고참이라고 노피와 함께 교회의 이것저것을 잘 챙기고 처음 온 사람에게도 친절하게 모든 걸 알려 주곤 하던 친구다. 자신도 한국어를 못해 제대로 의사소통이 되지 않는데도 다른 사람에게 무슨 문제만 생기면 가장 먼저 나서서 이야길 하길 좋아 한다. 언제나 쾌활한 그도 오늘은 아무 말도 하지 않는다.

오랜만에 이짜도 달려왔다. 이짜는 나를 꼭 껴안고 놓아 주질 않는다. 김포에서 어디로 한참을 들어가는 곳에서 일하는데 공장에 가는 버스가 저녁 8시면 끊어져서 의정부까지 오지 못했다면서 오늘은 아예 공장에 들어갈 생각을 하지 않는지 늦도록 그냥 있다.

이짜는 처음엔 의정부 가까운 포천에서 일했었다. 그런데 매주일 교회에 올 때면 얼굴이며 온몸에 멍이 들어 있었다. 무슨 일이냐고 물으면 사다리에서 떨어졌다느니 넘어졌다느니 하는 이유를 대곤 했다. 아무래도 그게 아닌 것 같아 자세히 물으니 애인에게 맞아서 그리 된 것이었다.

같은 공장에서 인도네시아 청년과 사귀게 되었는데 그는 무슬림 청년이었다. 애인은 매주일 교회에 가는 이짜를 가지 말라고 때리고 못살게 굴었던 것이다. 결국 이짜는 애인 몰래 공장을 옮겼다. 사업주의 허락 없이 일터를 옮기면 바로 불법체류자가 된다. 불법체류자가 되면 그때부터 다른 공장에 들어가도 월급부터 차이가 나고 보험이나 신분 보장이 되지 않아 얼마나 불안한 상태인지는 새삼 말할 필요가 없다. 그럼에도 이짜는 무슬림 애인으로부터 벗어나고 믿음을 지키기 위해 과감하게 공장을 떠난 것이다. 어떤 협박이나 구타에도 웃으며 이겨내고 있는 이짜. 그녀의 그런 강한 믿음이 무척이나 대견스럽다.

막내 귀염둥이 쁘라다는 종일 내 옆에서 빙빙 돈다. 엄마가 어릴 적에 돌아가셨다는 쁘라다는 나를 무척 잘 따르며 주방 일을 열심히 도와준다. 한국에 온 지 1년 밖에 안 되었는데도 한국어를 아주 잘한다. 요즘은 자국에서 한국어를 배우고 오기 때문이기도 하지만 쁘라다는 언어에 아주 소질이 있는 것 같다. 세계 3대 호수의 하나라는 바다만큼이나 큰 또바 호숫가에서 태어나 산과 물만 보고 자라왔던 쁘라다가 우리나라에 와서 아주 다른 세상을 살아가고 있는 중이다.

열대지방에서 온 그가 한국에서 흰 눈을 본다는 것만으로도 신비롭고 가슴 벅차는 감동인데 지난 설 연휴엔 스키장에서 사흘 내내 스키를 즐겼단다. 스키를 타는 동안 그는 꿈을 꾸는 것 같았다고 했다. 한국의 젊은이들처럼 인터넷도 잘하고 좋은 카메라를 사서 사진 찍기도 좋아한다.

서울의 유명한 거리와 족발과 순대, 떡볶이의 맛도 안다. 소녀시대나 아이돌 스타들의 노래도 흥얼거린다. 이렇게 한국어가 능통한 친구들은 서로 뭉쳐 다니면서 한국에서의 생활을 아주 즐기고 있는 중이다.

귀국하면 신학교에 들어가 목사가 되어 이슬람인 고국에 복음을 전하겠다며 한국의 복음송을 열심히 부르는 언제나 믿음직한 뿌지. 찬양단을 잘 이끌고 있는 안드레이. 얀또. 로니.

한 사람 한 사람 가슴에 꼭 끌어안으며 이들이 한국에서 남은 기간 건강하게 잘 지내길 간절히 바란다. 이곳을 떠올릴 때마다 따뜻한 기억으로 남았으면 하면서.

깔리만탄

1. 생인손

이번 선교 여행은 보르네오섬의 깔리만탄이다. 하늘에서 내려다 본 보르네오섬은 어마어마하게 크다. 하긴 세계에서 세 번째의 크기인 74만 평방이 넘는 우리나라 남북한의 3.5배인 땅덩어리를 단순히 섬이라고만 말하기엔 무리다. 보르네오섬의 73%가 인도네시아령이다. 이곳을 깔리만탄이라 부른다.

이 보르네오섬은 브라질의 아마존과 더불어 지구의 허파라 불린다. 열대 우림인 이곳은 무진장한 자원의 보고다. 무엇이 얼마나 감추어져 있는지는 아무도 모른다. 원시 그대로인 이곳 정글은 우리가 알 수 없는 많은 것들을 간직하고 있다. 다만 눈에 보이는 것은 울창한 밀림과 황톳길을 연상할 정도인 누런 강줄기가 선명하게 보일 뿐이다.

반자르마신. 이곳은 깔리만탄에서 가장 인구가 많고 다이아몬드 광산이 있는 곳이다. 인도네시아 여느 중소 도시처럼 자그마한 규모의 공항에는 활짝 웃어주는 검은 얼굴이 정겹고 확 끼쳐오는 열대의 열기마저 다 익숙하고 평화로운 풍경이다.

현대의 도시는 아무래도 거리의 자동차 물결에서 그 도시의 규모와 생활수준을 짐작하게 한다. 공항에서 시내로 들어가는 메인 도로에는 3~40년이 넘어 보이는 자동차와 고급 승용차가 뒤섞여 있다. 빼차와 마차가 함께 어울려 있는 모습이 이곳답다. 이곳에서 몇 시간만 가면 원시의 생활을 하는 밀림이 있다는 것을 생각하면 이곳의 생활은 천지개벽이다.

이 깔리만탄에선 10여 년 전 다약족이 마두라인 1천여 명을 무참히 살해하고 시체를 훼손해서 몸의 일부를 먹기도 하고 심장을 꺼내 내걸기까지 했었다. 정부에서 인구 분산 정책으로 마두라인들을 밀림 가까이에 있는 지역으로 집단이주를 시켰다. 그런데 삶의 터전이 줄어들게 된 다약족들이 마두라인들을 무자비하게 살해한 것이다.

그 당시 TV 화면을 통하여 참상을 보았는데 공포에 질려 살려 달라고 울부짖던 그 절박함을 잊을 수가 없었다. 세상에 무서울 것 없다는 마두라인들도 다약족 앞에서는 속수무책 당하고 있었다.

마두라인. 이들은 남편의 생인손과 같은 존재들이다. 수라바야 가까이에 있는 마두라 섬에 살고 있는 마두라인들은 극렬 회교도들이다. 그들은 성격이 난폭하고 저돌적이다. 미전도 종족인 그들에게 복음을 전하기 위해 가장 많은 수고와 기도를 아끼지 않고 있다. 마두라에 우리가 지원하고 있는 모든 교회는 다 예배당을 쫓겨나 가정집을 돌아다니며 예배를 드리고 있다. 날마다 얼굴을 맞대고 살아가는 이웃들이 단순히 시끄럽다는 트집으로 고발하여 교회당을 폐쇄하게 만들어 놓았다. 교회 정문에 단단히 박혀 있는 나무 막대와 붉은 글씨로 큼직하게 쓰여 있는 '이곳은 아무도 출입할 수 없다'란 글자를 보았을 때 얼마나 무섭고 떨렸는지 모른다. 아무도 출입할 수 없는 교회는 먼지만 수북하여 폐가처럼 변했고 마당엔 잡초만 가득하였다. 그것을 본 순간 일었던 그 분노와 억울함은 말로 다할 수 없었다.

그런 마두라인들이라면 천 명 아니라 만 명이 죽은들 무어 원통하겠는가? 그러나 남편의 생각은 달랐다. 그들도 구원받아야 할 하나님의 백성이라는 것이다. 그들을 향해 끊임없이 기도하며 그 땅에 계속 주의 종들을 보내고 있다.

지금도 그들의 영혼을 위로하며 그들이 울부짖던 모습을 기억해 주려고 이 머나먼 땅까지 찾아온 것이다.

깔리만탄의 밀림은 웬만해선 본 모습을 보기가 어렵다. 밀림 속에 어떤 동물이 얼마만큼 살고 있는지도 아직 잘 모르고 어떤 식물들이 살고 있는가도 모른다. 감추어진 이 밀림처럼 이곳에서 일어난 일들도 잘 알 수가 없다.

다약족이든 마두라인들이든 개개인을 만나보면 얼마나 순수하고 아름다운 사람들인지 모른다. 사람은커녕 짐승 한 마리도 함부로 죽일 것 같지 않는 사람들이다. 무엇이 이들을 그렇게 극악무도한 사람들로 만들었는지 모른다. 이런 슬픔과는 전혀 무관하다는 듯 누런 강물은 유유히 흘러가고 오랑우탄이 숲의 주인이라는 밀림은 푸름으로 가득하다. 참혹하게 죽어간 슬픈 영혼들을 위해 무릎을 꿇는다.

2. 바리또강

새벽 5시 아직 어둠이 가득한데 배를 타고 강을 따라갔다. 강 옆에는 수많은 크고 작은 집들이 빈틈없이 열을 지어 늘어서 있다. 지구상에서 가장 많은 수의 수상가옥이 있다는 바리또 강이다.

이 수상가옥들은 기둥이 물속에 박혀있다. 3년이면 기둥이 썩어서 다시 갈아 끼워야 된다는데도 이들은 판자나 대나무로

얼기설기 지은 이 수상가옥에서의 생활을 조금도 불편해 하지 않는다. 불편해 하기는커녕 오히려 이곳 생활을 편리하게 즐기며 산다.

계단만 몇 개 내려서면 강물이다. 어둑한 가운데서도 이 강물이 누런 물이라는 것은 알 수 있다.

집집마다 아침을 맞은 사람들이 분주하다. 여인들이 물가에 내려와 머리를 감고 목욕을 한다. 긴 검은 머리에 플라스틱통으로 수없이 물을 끼얹어 가며 박박 씻는다. 이를 닦는 사람, 야채를 씻는 사람, 빨래를 하는 사람, 그릇을 씻는 사람, 바로 그 옆에는 화장실이 있다. 화장실에서 볼일을 보면 그대로 풍덩 강물로 떨어진다. 어떤 곳은 마치 공중 화장실처럼 아무런 가리개도 없이 강물 위에 변기만 나란히 늘어놓은 곳도 있다.

그 광경이 너무도 신기해서 카메라를 들이대도 오히려 자신을 찍으라고 이를 닦다 말고 손을 흔들어 주며 활짝 웃는 순박하기 그지없는 사람들이다. 줄에 널어놓은 빨래가 하얗다. 누런 흙탕물에서 빤 빨래가 하얗다는 그것마저 신기하다.

이곳 반자르마신은 깔리만탄 슬라탄주의 주도로써 바리또강과 마루타푸라강이 합쳐지는 삼각주 지대에 위치해 있다. 천 개의 강을 가진 도시라는 애칭이 있을 만큼 시가지의 도로 만큼이나 많은 강줄기가 사방으로 뻗어있다. 그 강줄기마다 양옆으로 넓은 도로가 있고 그 도로 옆에는 높고 큰 건물도 즐비하다. 도로에는 고급 승용차와 빼차와 마차가 함께 다닌다.

사는 모습이 어찌나 다양한지 이곳을 어떤 도시라고 꼭 집어 말할 수가 없다. 수상가옥에서 만난 사람들은 시대를 거슬러 올라가 마치 수 백 년 전의 모습으로 살고 바로 그 곁에는 현대식 건물에 고급 승용차를 타고 현대 문명을 누리는 사람들이 살아간다. 호텔 주변의 고급 백화점에는 세계의 유명 상표를 달고 있는 물건이 가득하고 인도네시아 어느 도시에나 가장 많은 켄터키치킨 가게 안에는 어른 아이 할 것 없이 손님들이 길게 줄을 서서 빈자리 나기를 기다린다.

한 시간쯤 배를 타고 가니 바리또강과 마루타푸라가의 상류가 나온다. 이곳이 400년 전통의 록바인탄 마을의 수상시장이다. 이곳에선 각종 농산물과 산 속에서 나는 여러 가지를 내다 파는 곳이다. 작은 쪽배엔 과일들과 생선이 있다. 자신들이 직접 기르거나 따온 것을 가져 오는지 노인에서부터 어린아이까지 다 나와 있다. 도로가 발달하지 못한 이곳에선 강이 훨씬 더 편리한 것 같다. 엄청난 크기의 원목을 싣고 들어오는 배들도 있고 강가엔 재제소도 있다.

옛날과 같이 번성치는 못하다고 하지만 아침 일찍 동트기가 바쁘게 활기차게 움직이는 새벽의 수상시장은 이 땅의 수많은 사람들의 삶의 단면을 보여준다. 개발이라는 미명 아래 해마다 수많은 삼림이 훼손되고 있다고 한다. 이곳만은 숨겨진 땅으로 남아 있기를 소망해 본다.

마카사르에 세워진 교회

오랜만에 찾은 마카사르의 공항은 완전히 달라져 있었다. 시골 대합실처럼 작고 보잘것없던 공항을 새로 이전하여 규모도 크고 훌륭하여 국제선이 드나들기에 조금도 손색이 없다.

입국장을 나와서 두리번거려 봐도 나오기로 한 카를로스가 보이지 않는다. 전화를 해보니 입국장 안에까지 들어왔다가 잠시 길이 엇갈렸다.

카를로스는 우리를 보자마자 큰 팔을 벌리며 어찌나 반가워하는지 친부모 형제를 만난 것보다 더하다. 처음 만나는 카를로스 부인도 아주 반갑게 맞아준다.

카를로스는 한국에 이주 노동자로 와서 3년을 일했던 사람이다. 그는 인도네시아에서 신학을 공부한 전도사였지만 목회를 못하고 노동자로 한국에 와서 사출공장에서 하루 12시간씩 힘든 일을 하고 지내면서 주일이면 우리 의정부 교회로 와서 찬양 인도와 인도네시아인들을 위해 남편을 도와 함께 동역했던 분이다.

그런 그가 귀국하여 고향인 마카사르에 교회를 설립하였다는 소식을 몇 해 전에 전해왔다. 한 번 방문하여 달라고 연락을 해왔지만 남편의 사역지와는 워낙 먼 거리라 그리하지 못하다가 이번에 방문한 것이다.

마카사르, 카를로스의 고향이 아니라도 남편에겐 고향과 같은 곳이다. 남편을 인도네시아로 부른 곳이 바로 이곳 마카사르의 바다다.

서울에서 나고 자란 그가 무역업을 하면서 처음 간 곳이 인도네시아 슬라웨시섬의 마카사르였다. 그곳에서 며칠 지내면서 그곳의 잔잔하고 아름다운 바다에 푹 빠지고 만 것이다.

며칠이고 보고 있어도 질리지 않는 바다. 모든 생각과 걱정을 한꺼번에 잊게 하는 바다. 그 바다를 마냥 바라보다 그 바다에 홀리듯 그는 인도네시아를 사랑하게 되었다.

그런 그가 하던 사업을 정리하고 본격적으로 신학을 공부하여 목사가 되어 인도네시아 땅으로 떠났던 것이다. 이제 14년의 선교사의 삶을 마무리 하려는 이때에 첫사랑의 마카사르를 다시 돌아보지 않고 어찌 떠날 것인가?

마카사르는 벤다해의 풍부한 해산물과 발달된 무역항으로 여느 도시보다 풍부하게 잘사는 곳이다. 십여 년 만에 찾은 마카사르는 신흥 주택단지도 많아졌고 거리의 차량들도 고급 차량이 즐비하다.

이곳에 있는 동안 모든 것을 자신에게 맡기라며 카를로스는 거리의 이곳저곳을 설명하며 우리를 인도한다.

카를로스는 한국에 있는 동안 무척 고생을 했다. 특히 언어가 통하지 않아 당한 수모와 고통은 말할 수 없이 많았다. 남보다 체격이 크고 힘이 좋았지만 하루 12시간씩 교대로 근무하는 일이 너무 고단하여 견디어 내기 힘들었다.

특히 한국의 여름은 열대 나라에서 온 인도네시아인들이라도 견디어 내기 힘든 무더위다. 공장 시설이 열악하여 덥기도 하고 밤에 컨테이너 안의 잠자리는 정말 더웠다. 또 한국의 겨울은 얼마나 추운지. 그 혹독한 추위가 무서울 정도였다.

그런 여러 가지 힘든 가운데서도 교회에서 위로를 받으며 잘 견디었다가 귀국하였다. 다시 돌아보기도 싫을 정도의 고생을 했건만 카를로스는 언제 그런 고생을 했느냐는 듯 한국에서의 3년을 자랑스럽게 생각하며 그때 일을 아주 신이 나게 이야기한다. 그때 모은 돈으로 시내 가까이에 큰 집을 샀고 교회도 설립할 수 있었다는 것이다.

주일 예배 설교를 남편이 맡았다. 4명으로 시작하였다는 교회는 4년 만에 50명이 되었다. 젊은 청년들이 많아 활기 차 보였다.

고등학교 교사로 재직 중인 카를로스 부인은 예배 전 찬양 인도를 아주 은혜롭게 잘 한다. 인도네시아 교회들은 예배 전 찬양을 많이 부르고 또 중요하다. 우리나라 경배와 찬양 스타일이다.

카를로스의 두 딸들도 율동으로 함께한다. 이날 예배엔 힌두 교인의 6살 된 아이가 귀신이 들렸는데 낫는 기적이 일어났다. 6살짜리 아이가 앞에 나가 간증을 하며 찬양을 한다.

아이의 엄마가 함께 와서 아이의 기적을 직접 눈으로 확인하며 놀라워하고 있다. 6살짜리가 귀신들린 것도 처음보고 간증하는 것도 처음 보았다. 아마 전도하기 힘든 이 나라이기에 하나님의 강권적인 역사가 임하는 것이 아닌가 하는 생각이 든다. 하나님의 방법은 참으로 다양하다.

예배 후엔 경찰 간부로 있다는 교인이 우리를 식사에 초대했다. 해산물 요리를 하는 고급 식당이다. 인도네시아 선교사로 와서 가는 곳마다 주기만 하는 우리가 대접을 받다니 참으로 감격스럽다.

이주 노동자들에게 너희는 귀국하면 너희 백성들에게 복음을 전하는 전도자가 되라고 수없이 외치는 남편의 설교 말씀대로 카를로스를 통하여 인도네시아 땅에 첫 열매를 보게 하셨다.

이제 인도네시아 전역에 흩어진 그들을 통하여 제2, 제3의 수많은 교회들이 세워질 것을 기대한다.

선데이 마켓

밤 12시가 지나자 거리가 술렁거리기 시작한다. 창을 열고 내다보니 3차선 도로가 텅 비고 트럭에 짐을 싣고 와서 내리며 뚝딱뚝딱 아주 소란스럽다.

도대체 무엇을 하고 있는 걸까? 궁금하여 한참을 내려다보고서야 가게를 꾸미고 있음을 알았다. 젊은이들 몇 사람이 덤벼들어 큼지막하게 자리를 잡고 제법 그럴싸한 가게를 만들어 가는 곳도 있고 혼자서 작은 터를 잡아 천막을 치고 물건을 내리는 사람도 있다. 각자 능력과 재주껏 자리를 잡고 꾸미는 모양이다.

밤을 꼬박 새어 물건을 진열하고 나니 밤사이에 새로운 세상이 만들어졌다.

마카사르 시내에서 가장 복잡한 로사리 해변의 도로가 커다란 시장으로 변한 것이다. 매주 일요일이면 생기는 선데이 마켓이다. 세 겹 네 겹으로 빽빽하게 만들어진 가게들은 오래 전부터 그곳에 터를 잡고 있었던 것처럼 완벽하다.

새벽 5시가 되자 사람들이 몰려들기 시작한다. 이 도시의 모든 사람이 다 이곳으로 모인 게 아닌가 하는 생각이 들 정도로 어른 아이 정말 많은 사람들이 몰려든다. 발 디딜 틈조차 없어 사람들이 그냥 밀려다닌다. 큰 시장을 그대로 옮겨다 놓은 듯 온갖 물건들이 다 나와 있다.

가장 넓은 가게는 여성 옷을 파는 곳이다. 사시사철 더운 이 나라에서 그저 얇은 옷 한 두 벌이면 그만이려니 하는 생각은 잘못이다. 두꺼운 가죽 옷에서부터 끈만 달린 원피스까지 사계절의 옷이 다 걸려 있다. 오토바이를 즐겨 타는 이 나라 사람들에게 바람막이 가죽 재킷은 필수이고 고산지역엔 두꺼운 패딩 옷도 있어야 한다.

화장품과 가방, 신발, 그릇 등 그야말로 생활에 필요한 모든 것이 다 있다. 튀긴 바나나와 꼬치에 끼어 파는 옥수수도 수북하다. 이곳 옥수수는 맛이 없다. 한국에서처럼 찌지도 않고 대충 구워서 파는데 시커멓게 타기만 하고 푸석하다. 차진 옥수수는 우리만 좋아하는 맛이다. 외국인들은 대체로 차진 것을 싫어한다. 차진 밥을 싫어하고 차진 떡을 싫어한다. 이에 달라붙어서 싫단다.

가방과 티셔츠에는 폴로라는 이름의 상표가 제일 많이 붙어 있다. 하지만 진짜 폴로와는 디자인도 색상도 품질도 전혀 아니다. 비슷해야 짝퉁 어쩌고 하지 이 정도면 상표법 위반에 해당도 안 될 듯하다. 헌데도 물건마다 폴로를 달고 있으니 폴로를 많이 좋아하나 보다.

새들도 처음 보는 새들이 많다. 이름을 물어봐도 생소하여 외어지지가 않으니 그냥 예쁜 새로 기억할 수밖에 없다. 원숭이 한 마리가 치장을 하고 재주를 부린다. 어디서나 야생 원숭이를 만날 수 있을 만큼 원숭이가 흔한 나라인 이곳에서도 원숭이의 재주는 구경거리인 듯하다.

이렇게 활기차고 시끌시끌하던 시장이 10시가 되자 벌써 파시다. 아니 기껏 5시간 장사를 하자고 밤을 새워 이리 야단스레 일했나 싶었다. 부지런히 짐을 풀기가 바쁘게 다시 짐을 싸는 사람들을 보면서 우리네 옛 장돌뱅이들의 삶이 떠올랐다. 사람 사는 것이 어찌 이리 닮았는지.

모기에 물려 이혼하다

거실에 아주 조그만 개미 한두 마리가 화분 밑에서 기어 나와 돌아다닌다. 이제 돌이 막 지난 아기가 있는 며느리가 기겁을 하며 서둘러 관리실에 연락을 하여 약을 놓는다. 나는 눈에 잘 띄지도 않는 한두 마리의 개미를 가지고 너무 호들갑이라고 생각하면서도 그냥 며느리의 하는 양을 보고만 있었다. 그러나 그 개미에 대해 나는 아주 무섭고 대단한 것을 겪었다.

인도네시아는 요즘 건기다. 헌데 오후 5시부터 다음 날까지 비가 억수로 내린다. 건기와 우기가 엉망으로 엉켜 버린 것이다. 날개 달린 개미들이 비를 피해 집안으로 들어왔다. 그런데 그 숫자가 수십 만 마리는 되는 것 같다. 천장과 벽과 바닥에 새까맣게 붙어 앉은 개미떼들.

애굽에 내린 파리 재앙을 연상케 한다. 아무리 작은 미물이라도 엄청난 양의 숫자 앞에서는 겁을 먹게 된다. 이 많은 개미떼를 피해 방문을 꼭 닫고 거실에 앉는 것마저 포기한다. 하지만 방에서만 꼼짝도 안하고 지낼 수는 없다. 식사도 해야 하고 바깥출입도 해야 한다.

밥을 해 먹는 게 제일 큰 고역이다. 약을 뿌리고 파리채로 쫓는다고 해결되지 않는다. 금방 없어지는가 하면 1분도 안되어 즉시 날아와 새까매진다. 음식에도 앉고 식탁과 의자에도 새까맣다. 몸에도 달라붙고 입속까지 파고들 정도다. 개미가 이렇게 공격적이고 무서울 줄은 몰랐다.

또 모기들 역시 도무지 참아내기 힘들다. 모기라면 한 마리만 있어도 밤새 잠을 자지 못하고 난리를 피우는 나인데 모기들이 얼마나 많은지 그냥 어찌 해볼 도리가 없다. 밥을 먹으려고 식탁에 앉으면 모기에 잘 물리지 않는 남편도 두 팔을 휘저어 가며 트위스트를 춘다.

난 그만 두 다리가 통통 붓고 벌겋게 벌집이 된다. 약을 바르고 온갖 짓을 다해도 가려움은 좀체 사라지지 않는다.

이럴 때면 왜 이곳까지 와서 이 고생이냐고 울음이 저절로 터진다. 아무리 인도네시아인들을 사랑한다 하더라도 난 이 개미와 모기들 때문에 정말 살고 싶지 않다고 선언한다. 남편이라고 개미와 모기에 질리지 않는 것은 아니다. 다만 이 모든 것을 이겨내며 견디고 있을 뿐이다.

잔디가 아름다우면 그 속에 있는 많은 벌레들이 있다는 것을 기억하라는 말이 있다. 그 말마따나 열대지방은 자연이 아름답다. 사시사철 푸르름과 아름다운 꽃들을 바라보면 필시 천국은 열대지방과 같은 곳이 아닐까 하는 생각이 들 때가 있다. 그러나 이 아름다운 자연 속에 정말 끔찍하게 느껴질 만큼이나 많은 벌레들이 사람들을 괴롭힌다. 이곳에서 태어나 평생을 사는 사람들이야 벌레들과 동거하는 일에 별반 문제가 없는 것 같다.

방충망도 없이 그냥 지내는 것은 말할 것도 없고 길거리에서 아무렇게나 잠이 들어 있는 사람들을 보면 이들은 정말 모기가 물지 않는 것이 분명하다. 사람마다 모기가 좋아하는 사람이 있고 모기가 싫어하는 사람이 있다는데 이들의 몸에선 필시 모기가 싫어하는 무슨 냄새가 나는 것이 아닐까 싶다.

한국 사람과 결혼하여 살고 있는 루루의 집이 우리 사택 가까이에 있다. 루루의 남편은 한국에서 일하고 루루는 친정인 이곳에서 아이들과 함께 살고 있다. 루루의 5살짜리 딸은 참 예쁘게 생겼다. 아이들이 한국에 있을 때는 영락없이 한국애들과 꼭 같았다. 모기에도 잘 물리고 깔끔하게 신발을 신고 옷을 예쁘게 입은 예쁜 한국 어린애였다.

그런데 며칠 전 루루의 친정 할머니 댁이 있는 깜뿡에 놀러 갔다가 그곳에서 놀고 있는 루루의 딸을 보고 깜짝 놀랐다. 아이는 맨발에 흙투성이가 되어 멋대로 뒹굴며 인도네시아 현지 아이들과 놀고 있었다. 산에서 따온 열매를 질근거리며 익숙한 인도네시아어로 떠들며 노는데 어딜 보아도 한국 아이의 모습은 전혀 없었다. 아이들은 굼벵이 같이 생긴 벌레를 잡아먹기도 하고 꽤 높은 나무 위도 다람쥐처럼 오르내린다.

루루의 할머니네는 산골에 있는 시골집인데 집안에는 100년도 넘었을 것 같은 다 낡은 소파와 흙바닥 위에 놓인 혹시 앉으라고 하면 어떡하나 겁이 날 정도로 푹 꺼진 침대 매트리스와 소소한 그릇 몇 개가 전부였다. 루루 할머니는 가게라고 할 것도 없는 가게를 하고 있는데 아이들이 군것질할 과자 몇 개와 자무와 생강 몇 쪽이 파는 물건의 전부였다. 내가 동네에 들어서자 루루의 친척들이 모여 들었다. 다들 순박하게 생긴 산골 사람들이었다. 생전 처음 보는 나무 열매를 따다 주는데 맛이 어떨까 겁이 나서 선뜻 먹지 못하고 있자 루루가 시범을 보여 주며 먹어 보라고 한다. 한국의 여지 비슷하게 생겼는데 맛이 밋밋하니 그냥 상큼 했다. 나는 루루의 아이와 함께 놀고 있는 아이들에게 그 가게에서 팔고 있는 물건을 몽땅 사서 나누어 주었다.

아이들은 조금 전까지 벌레를 만지던 손을 내밀며 신이 나서 좋아했다. 루루의 딸은 자기가 아는 사람이 한국 사람이고 자기도 한국 사람이라는 걸 자랑하며 과시하고 있었다.

그 집에 잠시 머무는 동안에도 개미와 모기떼는 연신 나를 공격해 왔다. 인도네시아에만 오면 언제나 손에 들고 다니는 모기 물린데 바르는 약을 계속 바르고 손을 휘저어도 온몸이 가려워서 견딜 수가 없었다. 루루는 내가 개미와 모기 때문에 인도네시아에서 도무지 못살겠다고 하니 자기와 딸은 아무리 모기가 물어도 아무렇지도 않다며 모기 때문에 쩔쩔매는 내가 우습다는 표정으로 깔깔거린다. 그러고 보니 어린아이가 있는 루루네 그 음침한 집 역시 아무런 방충망이 없던 것이 생각났다. 지금 이 루루의 할머니 집이야말로 벌레들이 전혀 거리낄 것이 없이 드나들게 방문마저 없다. 정말 모기가 물지 않느냐고 물으니 모기가 물어도 많이 가렵지 않다고 한다.

이곳에 계신 선교사님 중에 혼자서 사시는 분이 있다. 왜 혼자서 이렇게 오랜 세월 살고 있느냐고 물으니 부인은 모기가 한 마리만 물어도 통통 부어오르고 금방 염증까지 생겨 인도네시아에서는 도저히 살 수가 없어 혼자서 지낸다고 한다. 그런데 오랫동안 부부가 떨어져 살다보니 마음마저 멀어졌는지 최근엔 이혼까지 하였다는 비밀스런 고백을 들었다. 뭐 부부가 이혼 하는 이유가 한두 가지겠는가만 이 부부에겐 바로 모기가 이혼의 빌미가 된 셈이다.

아주 작은 벌레에 지나지 않는 모기와 개미 이것들에게 당한 고통을 생각하면 괴로운 생각 밖에 들지 않는다. 이곳 사람들은 모기에 물려도 왜 괜찮은지 잘은 모르겠지만 아무튼 나하곤 무엇이 달라도 다른 게 분명하다. 그렇다면 공평하신 하나님이 벌레 속에서도 그냥 아무렇지도 않게 살 수 있게 열대지방의 사람들에게는 특별한 방법으로 막아 주신 것인지도 모르겠다. 그 특별한 방법이 내게 없는 한 나는 인도네시아에서 살기를 포기할 것이고 모기와 개미를 향하여 날마다 선전포고를 할 수 밖에 없다.

침을 뱉지 마세요

- 『엄마를 부탁해』

나는 그날 길거리에서 지나는 사람들에게 커피를 나누어 주고 있었다. 바삐 지나는 발걸음을 멈추고 내가 내미는 커피를 받아 들고 가는 많은 사람들 가운데 땀에 절어 악취가 나는 노인이 한 분 있었다. 커피를 받아든 손이 떨리고 형색이 너무 남루하여 걸인인가 하고 생각했다. 그런데 동네분들이 그 노인에게 알은체를 하는 걸 보고 이 동네에 산 지 오래된 분이라는 걸 알게 되었다.

노인은 몇 해 전까지만 해도 시장통에서 장사를 하던 분이고 아들 딸 남매를 잘 키워 출가 시킨 후에는 혼자서 깔끔하게 잘 살아왔단다. 그런데 언제부턴가는 이렇게 정신이 온전치 못하여 길거리를 나돌아 다니는데 시장 상인들이 날마다 먹을 것을 나눠 주어 살아가고 있다고 한다. 노인은 건너편 보도 위에 앉아 멍한 표정으로 지나는 사람들을 쳐다보고 있다.

둘째 수요일은 이 동네 중국집을 운영하는 분이 동네 노인들에게 자장면을 무료로 제공하는 날이다. 11시가 조금 지나자 노인들은 중국집 앞에 길게 줄을 선다. 그리곤 자장면을 맛있게 드신 노인들은 이번에는 우리가 나누어 주는 커피통 앞에 또 줄을 선다. 나는 부지런히 손을 놀려 노인들에게 맛있게 드시라는 인사말과 함께 커피와 녹차를 나눠 드렸다.

우리 옆에는 진작부터 감자와 고구마를 자동차에 싣고 다니며 팔고 있는 중년 부부가 있었다. 한 소쿠리 가득 담은 감자가 삼천 원이라고 열심히 외쳐대던 아낙이 내게 다가오더니 커피 두 잔만 주면 안 되겠느냐고 한다. 그녀의 남편과 함께 마시려고 그러나 보다하고 "아저씨는 아까 드렸는데요." 하였더니 "우리 어머니 드리려고요." 한다.

그녀가 가리키는 트럭 조수석엔 곱게 늙은 노인이 한 분 앉아 계셨다. 치매에 걸린 어머니를 집에 혼자 두고 다닐 수가 없어서 이렇게 자동차에 모시고 다닌다고 한다. 집 안에만 갇혀 있던 분을 몇 번 모시고 다녔더니 이젠 장사를 나가려고 하면 트럭에 먼저 타고 내려오질 않아 어디든지 세 식구가 함께 다닌다는 것이다.

두어 해 전부터 우리 엄마에게도 약간 이상이 생겼다. 8남매의 생년월일은 말할 것도 없고 손자 손녀 생일까지 다 기억하시던 분이 요즘에는 당신 나이조차 잘 모르신다. 20년 넘게 살고 계신 아파트에서 집을 제대로 찾지 못해 경비아저씨가 모시고 온 적도 있다. 그래도 자식들에게 전화 하는 것은 잊지 않으시고 저녁때면 어김없이 전화를 걸어 오히려 우리 안부를 물으시는 것을 보면서 이만하게 지내시는 것도 참 다행이고 감사하다고 생각한다.

친구의 아버지는 공무원으로 평생을 사시던 분이다. 노년에 유일한 취미가 독서다. 종일 앉아 책을 읽으시는데 젊은 시절 읽으시던 책을 읽고 또 읽으신단다. 며칠 전에 읽던 책도 다시 읽고 어제 읽던 책도 다시 읽으시며 누구와 대화도 없이 그저 조용하게 지내신단다. 그런 분이 어느 날은 발코니의 화분에 침을 뱉으시더란다. 이를 본 며느리가 깜짝 놀라 아버님이 웬 일인가 하고 심각했는데 다른 이상은 전혀 없이 여전히 책을 손에서 내려놓지 않고 태연하게 읽으시는 모습을 보고 화분에다 '침을 뱉지 마세요'라고 써서 꽂아 두었단다. 다음 날 침을 화분에 뱉으려고 하던 노인은 화분에 꽂혀 있는 글씨를 유심히 보더니 바로 그 옆의 화분에다 침을 뱉더란다. 그래서 이번에는 화분마다 '침을 뱉지 마세요'라고 쓴 것을 꽂아 두었더니 화분에다 침을 뱉지 못하고 화분 바로 옆에다 침을 뱉었다는 이야기를 듣고 우리는 한바탕 웃었지만 그 점잖으신 분이 어찌 그리 되셨을까 마음이 아팠다.

아무리 명석하고 지혜로웠던 사람도 치매라는 무서운 복병을 만나면 순식간에 어린아이처럼 되고 만다. 사람의 수명이 점점 길어져 이젠 100세 시대라고 한다. 100세가 되도록 장수하는 건 좋은데 온갖 질병에 시달리거나 치매에 걸려 그저 수명만 연장한다면 장수가 축복이 아니라 오히려 형벌이 될 수도 있지 않을까.

신경숙의 『엄마를 부탁해』가 미국과 유럽에서도 좋은 반응을 얻어 판매 중이다. 어느 날 치매에 걸려 집을 잃은 엄마를 찾아 자식들이 나선다. 그러나 엄마가 흔적이 없어 찾을 수가 없다. 치매는 본인에게는 천국이고 가족에겐 지옥이라 한다. 옛 기억을 찾아 시간 여행 중인 엄마가 지금 행복할 수도 있지 않을까.